OSTRAKA
PROPHETISCHE SCHERBEN

Xandi Bischoff
Nadine Seeger

mit einem Vorwort von Ralph Kunz

Eine Initiative der Communität Don Camillo

Friedrich Reinhardt Verlag

Für die grosszügige Unterstützung
danken wir der Stiftung Dialog
zwischen Kirchen, Religionen und Kulturen.

Alle Rechte vorbehalten
© 2024 Friedrich Reinhardt Verlag, Basel
Projektleitung: Beatrice Rubin
Korrektorat: Daniel Lüthi
Cover: Franziska Scheibler
Umschlagbild: Nadine Seeger, «Alte Tonscherbe, geschliffen»,
Tusche auf Papier, 2022, 14 x 16 cm
Gestaltung: Franziska Scheibler
ISBN 978-3-7245-2707-7

Der Friedrich Reinhardt Verlag wird vom Bundesamt
für Kultur mit einem Strukturbeitrag für die Jahre
2021–2025 unterstützt.

www.reinhardt.ch

Inhalt

SCHERBEN BRINGEN GLÜCK –
EIN SPRICHWÖRTLICHES VORWORT 9

EINLEITUNG 13

WIE WEITER? 19
- ich nahm 21
- gott ist laut. 22
- die zacken einebnen 23
- hüte dich 24
- wenn ihr ruhig 25
- gott harrt 26
- ein richtiger prophet 27
- wenn eine schwere schicht auf dir lastet 29
- mein haus 31
- vielleicht ist es nicht zu spät 32
- der mond steht still 33

NICHT ZU VERGESSEN 35
- gebrauchte scherbe 37
- memento auf ton 38
- das heisst trösten 39
- nun schreibe ich 40
- du kennst keinen gott neben. 42
- zeichnung auf stein 44
- scherbe damit ich 45
- selbstgespräch auf scherben 46
- es ist ein köstlich ding 47
- wer tut das 48
- habt ihr nicht 49

GOTTESBEGEGNUNG
UND AUSEINANDERSETZUNG 51
- anstellungsgespräch 53
- gesprächsnotiz auf scherbe 54
- mein wort kommt nicht leer 55
- freue dich sehr 56
- immer wieder 57
- glaubt ihr nicht so bleibt ihr nicht 58
- sucht gott 59
- so spricht gott lass dir etwas sagen 60
- du glaubst an mich 63

wo du doch... 64
unmut. habe es satt............................... 65

PROPHETEN BETEN 67
eiche mich so bin ich geeicht........................ 69
ach gott.. 70
beten bringt nichts 71
gebet und beschwerde 72
je und je 73
unten am fluss................................... 74
ich hörte 75
wenn man vergisst wie beten 76
das gebet sprach zu mir 77
vor dir sein....................................... 78
du bist... 79

ZEITDIAGNOSEN 81
ihr paschas und divas 83
der alltag ist zerbrochen........................... 84
sie liegen im ofen 85
du hättest nicht schadenfroh 86
wie kann ein mensch sich götter 87
tag des zertretens................................. 88
diktat der familiengeschichte...................... 89
ochs und esel..................................... 92
so lasst nun ab.................................... 93
überall lungern................................... 94
diese leute die sich durch nichts.................... 95

KRANKE GESELLSCHAFT 97
wind weiden 99
katastrophenmeldungen.......................... 100
wenn sie weich 101
nichts gesundes ist an euch....................... 102
ich bin es satt.................................... 103
mangelland 104
achtet darauf wie es euch geht 105
ist mein wort nicht............................... 106
niemand relativiert sich 107
bei deiner geburt 108
mickriger zweig 109

ZUKUNFT 111
seid übriggebliebene............................. 113
gedenkt nicht an das frühere 115

irgendwann irgendwann 116
verzeichnis zukünftiger ereignisse. 117
wiedervereinigung 118
meine tägliche wüste gib mir heute 119
weh denen die dunkle gedanken 120
durchbrecher. 121
hier stehe ich 122
staubiger winter 123
alles was er tut gelingt ihm 125

ENDZEIT 127

zu der zeit. 129
wie eine schwarze wolke 130
der herr hat ein wort 132
tröstet tröstet 133
am ende im futurum. 134
und ihr? so müde? 135
alphabetischer trost. 136
denn das land 137
das lamm stapft durch den schnee 138
durchsage. 140
jenseits der verwesung 141

ZUSPRUCH 143

ich will ihr gott sein 145
auswirkungen des geistes 146
er gibt 147
verheissungsvolle scherben. 148
ich will tau sein für sie 149
ein anderes herz 150
trümmer trümmer trümmer 151
ritze es dir 152
nicht gedanken des leidens 153
deine mühe 154
ausgeloste zusagen 156

ANGABEN 158

Literaturangaben. 158
Abkürzungen der zitierten biblischen Bücher. 160
Allgemeine Abkürzungen 162
Bibelstellenindex. 163
Autor und Künstlerin 167

SCHERBEN BRINGEN GLÜCK – EIN SPRICHWÖRTLICHES VORWORT

Man sagt, Scherben bringen Glück. Wissen Sie weshalb? Ich habe recherchiert und festgestellt, dass die Forschung diesbezüglich nicht zu einem eindeutigen Schluss gekommen ist. Aber die Vermutungen zur Bedeutung des Sprichworts sind interessant genug für ein Vorwort zu einem Buch, das von prophetischen Scherben handelt. Mein erster Fund, als ich ein wenig in tieferen Sprachschichten zu graben begann: Möglicherweise ist das Klirren des zerbrochenen Geschirrs der Grund für die seltsame Glücksverheissung! Das hässliche Geräusch soll nämlich die bösen Geister vertreiben. Darum werden am Polterabend Porzellan und anlässlich Schiffstaufen Flaschen zerschlagen. Damit alles flieht, was dem jungen Paar sein Glück vergönnt oder dem Schiff, das vom Stapel läuft, Unglück bringt.

Eine zweite Erklärung finde ich spannender: Möglicherweise sorgte ein Missverständnis für das seltsame Glücksversprechen. Das Wort «Scherbe» ist nämlich eine wahre Wundertüte. Es meint seit dem 9. Jh. ein Stück zerschlagenes Geschirr oder ein scharfes Bruchstück davon. Irgendwie hat «Scherbe» also mit «scharf» zu tun. Im Nordischen bedeutete «scarf» das schräg abgehauene Balkenende und im Altenglischen stand das Verb «(ge)scearfian» für abschneiden oder kratzen. Und dann stosse ich auch auf das «Scherflein». Ein Glückstreffer! Bibelkundige wissen, dass damit ein kleines Gefäss oder eine kleine Münze gemeint ist. Die Witwe (Lk 21,1–4) opferte ein Scherflein. Was im Althochdeutschen «skirbī(n)» f. oder im Niederländischen «scerf» hiess, konnte tatsächlich auch eine Münze oder ein kleiner Topf sein.

So macht das Sprichwort mehr Sinn. Töpfe sind da, um gefüllt zu werden, selbst wenn sie klein sind. Wenn man ins Aussergermanische geht, bestätigt sich diese Theorie. Im Altindischen ist «karparah» eine Schale, ein Topf oder die Hirnschale, im Griechischen ist «karpós» (χαρπός) die Frucht oder der Ertrag, im Lateinischen bedeutet «carpere» rupfen und (ab)pflücken. Auf das Slawische verzichten wir. Ich habe genug geschürft, um die Aufmerksamkeit für mein Scherflein zum Buch zu schärfen.

Das Ostrakon, die Scherbe, die aus tiefen Erd- oder Sprachschichten ausgegraben wird, ist auf verschiedenen Ebenen ein Glücksfall und vor allen die angemessene Form für die prophetische Überlieferung. Die Propheten schrieben keine Bücher und verfassten keine langen Schriften. Sie redeten, was ihnen der göttliche Geistesblitz ins Herz brannte und auf der Zunge zündete. Ihre Visionen und Auditionen waren mehr Scherbe als Gefäss, mehr Fragment als Ganzes. Es waren ursprüngliche Bruchstücke aus dem Wort, das am Anfang war. Entsprechend sind auch die Bücher der Propheten, wie wir sie in der Bibel lesen, mehr oder weniger Scherbensammlungen. Ihre Entstehungsgeschichte ist kompliziert. Man findet in den Sammlungen der ersten Prophetengeneration aus dem Nordreich (Hosea) Stücke, die vermutlich zur späteren Prophetie im Südreich (Jeremia) gehörten, einmal übereinander, einmal nacheinander und in der Regel durcheinander. Archäologisch gesehen sind Ostraka-Funde, weil datierbar, für die Bibelforschung Glücksfälle.

Warum sind sie es auch inhaltlich? Prophetische Scherben sind scharfrandige Wortbrocken im Mund von Menschen, Geistflammen aus ihrem Inneren, Licht, das im Dunkel aufleuchtet, zuerst Laut, dann erst Zeichen, zuerst Klang, dann erst Buchstabe. Können Sie sich vorstellen, wie das war, als diese Flammenreden gehalten wurden unter den Toren des Gerichts, auf dem Markt, in den Vorhallen des Tempels, bei einem Fest oder bei einer Audienz am Hof? Wie sehr die scharfen Worte schmerzten, wie tröstlich die Worte waren, die Hoffnung schenkten und den Glauben nährten? Es waren Worte aus einem Topf, dessen Vorrat nicht zu Ende ging – jenem Scherflein der armen Witwe, die dem Propheten glaubte (1. Kön 17,7–16).

Scherben bringen Glück, Stück für Stück und nicht als Ganzes, fragmentarisch, manchmal nur in Splittern und dann wieder in handlichen Brocken: Lieder, kleine Fabeln, Wortspiele, kleine Filme und Zeichenhandlungen. Die Propheten waren antike Sinnfluencer, die etwas von Kommunikation verstanden haben. Sie provozierten Prominente, aber schonten die Proleten nicht. Sie stiessen auch das Volk vor den Kopf, waren mehr gehasst als geliebt. Dass ihre Botschaften auf Tonscherben gekratzt wurden, ist sinnig.

Scherbe ist vieles: Abfall, der als Notizzettel wiederverwertet wird, Gefäss, das mehr enthält, als man meint, Wahrheit, die man lieber nicht hören will, Bruchstück, der für das Ganze steht … Für die Nachfahren, die nachlesen, hat das Ostrakon als Medium eine Nachricht. Der göttliche Geistblitz hinterlässt Spuren, die als Rillen erkennbar sind. Die ersten Hörer, die vom Wort beeindruckt waren, kratzten für die nachkommenden Leser eine Sinnspur ins Material. Sie entfernten gebrannte Erde und lassen den Hohlraum sprechen. Gekratzt ist nicht geschrieben. Wie schön wäre es, wir könnten dieses Buch als Scherbe geniessen! Mit den Fingern nachfahren, was Xandi Bischoff gekratzt hat. Aber das brächte den Verlag, der Druckerzeugnisse herstellt, in arge Verlegenheit.

Die Erinnerung an die Ostraka muss genügen. Das Wort, das am Anfang war, ist das Meisterstück, aus dem das All geboren wurde und das am Ende alles verwandeln wird – wir können darüber stammeln und stottern, staunen und merken, dass unser Erkennen Stückwerk ist. Ein Glück, wenn man es merkt. Einige sind so aufgekratzt, dass sie weitersuchen, tieferhören und aufschreiben, was sich ihnen zeigt. Ich danke dem Scherbensammler, dass er für uns die Zeichen liest, die er in der alten Spur gefunden hat, eine neue Spur legt, sich vom Geist inspirieren lässt, der die erste Rede befeuerte, das Ganze ahnt, das im Fragment aufscheint und an der Oberfläche der Sprache kratzt. Ich höre im aufgebrochenen Wort die Kratzgeräusche der prophetischen Stimme und sehe die Lichtreflexe trotz Druckschwärze. Ja, Scherben bringen Glück!

Ralph Kunz,
Professor für Praktische Theologie, Universität Zürich

EINLEITUNG

Was sind Ostraka?

Ostraka heisst auf Altgriechisch Scherben. Diese Scherben dienten im Altertum als Schreibmaterial; «Papier» (Papyrus) war teuer. Auf den Ostraka wurden Notizen, Bestellungen, Abrechnungen, Schulaufgaben und kurze Briefe festgehalten. Dank den Scherben weiss man viel über den Alltag in Griechenland und Ägypten der Antike. Ostraka als Secondhand-Schreibgelegenheit!

Ich erfuhr von Ostraka in «Erklärt – Der Kommentar zur Zürcher Bibel», und war gleich fasziniert von deren Formen.

Was eine Person auf eine Scherbe notierte, war entweder wichtig, oder dringend, oder durfte nicht vergessen werden.

Je nachdem wie ein Gebrauchsgegenstand aus Ton zerbrach, zum Beispiel ein Krug, so sah nun eine grosse oder kleine Scherbe aus, und konnte benutzt werden. Eine Scherbe erlaubt es nicht, viel Text unterzubringen. Die Form ist begrenzt, entspricht keinen Normen und ist zufällig. Scherben werden nicht von Reichen benützt (diese können sich die ungleich teureren Papyrus leisten). Die Scherben enthalten in der Regel keine langsam geschriebenen oder kalligrafischen oder gewählten Texte auf hohem Niveau, sondern entstammen den Niederungen des Alltags.

Ich finde Ostraka oft sehr schön. Ihre Kanten sind scharf, die Umrisse überraschend, die Farben warm, die Schriftzeichen unbekümmert. Ihr Fragmentcharakter erinnert mich an postmoderne Kunst. Sie bieten sich mir als lyrische Kunstform dar, ähnlich Haikus, konkreter Poesie von Eugen Gomringer («Poema») oder den Postkarten von Herta Müller («Der Beamte sagte»).

Ostraka sind in diesem Buch die Form, auf der ich aufschreibe, was mir in der Begegnung mit biblischen Texten, vor allem den Propheten, entgegengekommen ist.

Warum prophetisch?

Ich lese die Prophetenbücher schon seit Langem und immer wieder. Es gibt viele Lieblingsstellen, Texte, die ich in meiner Bibel unterstrichen habe, z. T. mehrfach und in verschiedenen Farben: vor allem beim Propheten Jesaja, aber auch bei Hosea und Jeremia, ja eigentlich bei allen («grossen» und «kleinen») Propheten im Ersten Testament.

Neben den heissgeliebten Texten gibt es auch die hassgeliebten: das sind oft die sogenannten Gerichtsworte. Propheten sehen sich oft von Gott genötigt, schneidende Zeitdiagnosen zu liefern und Konsequenzen anzudrohen, wenn schreiendes Unrecht geschieht. An Scherben kann man sich schneiden!

Ich habe mich im Verlaufe der Zeit sogar mit diesen schwierigen Texten anfreunden können. Die freche, mutige, drastische Sprache der Propheten erinnert mich gelegentlich an Friedrich Dürrenmatt.

Die im vorliegenden Buch auf imaginierten Scherben geschriebenen Texte zeigen, was mir beim Betrachten der Prophetentexte entgegenkam.

Die Ostraka sind Fiktion!

Ich stellte mir vor, ein Prophetenjünger zu sein, der gebannt zuhört, was die Propheten sagen, und sich dabei notiert, was er keinesfalls vergessen will, was ihm wichtig und was ihm dringend erscheint.

Fiktion erzählt nicht, was geschehen ist, sondern was hätte geschehen können.

Also: ich schreibe mir nicht auf, was ein Prophet gesagt hat, sondern was er gesagt haben könnte, oder vielleicht eher: wie er gewirkt haben könnte, wenn er in heutiger Zeit gesprochen hätte.

Ich schreibe hier fast nichts Biografisches über die einzelnen Propheten und beschränke mich auf die sechzehn Schriftpropheten (Propheten, nach denen ein eigenes Buch benannt ist, werden Schriftpropheten genannt), gebe aber bei jeder «Scherbe» an, welche Stelle aus den Propheten mich zu einem Text inspiriert hat. Wo nicht anders vermerkt, sind die Zitate der Lutherbibel 2017 entnommen und jeweils kursiv gesetzt.

Die «Fussnoten» bieten zusätzliche Bemerkungen und Gedanken aus Theologie und Literatur. Im Anhang sind die bibliografischen Angaben, die Abkürzungen und ein Bibelstellenindex zu finden.

Xandi Bischoff

Das hier abgebildete Ostrakon enthält einen Brief, geschrieben um 700 v. Chr. in Arad. Es ist die Botschaft des Kommandanten einer südlich von Arad gelegenen Festung an den Kommandanten von Ara. In der letzten Zeile ist zu lesen: «Dieses ist das Böse, das Edom getan hat.» Sie nimmt Bezug auf Geschehnisse, die vom Propheten Obadja thematisiert werden (Kommentar zur Zürcher Bibel).

WIE WEITER?

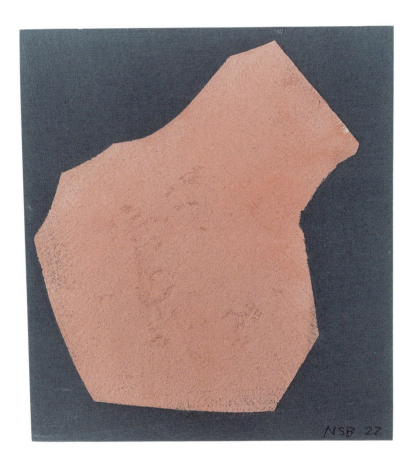

Scherbe
Schablone und Öl auf Papier, 2022
13 × 14 cm

WIE WEITER?

ich nahm

    ich nahm sie auf die arme
--- sie zappelten mit den beinen
    ich half ihnen ständig
--- sie merkten es nicht einmal
    ich trug sie herum
--- sie meinten sie wären mobil
    ich spannte ein seil
--- an dem sie entlanghangeln konnten
    ich richtete sie auf
--- sie sackten in sich zusammen
    und ging es ihnen mal gut
--- kamen sie sich selbständig vor

▍Hos 11,3.4.8: *Ich aber hatte Ephraim laufen gelehrt und sie auf meine Arme genommen. Aber sie merkten nicht, dass ich sie heilte. Mit menschlichen Seilen zog ich sie, mit Stricken der Liebe. ... Mein Herz wendet sich gegen mich, all mein Mitleid ist entbrannt. Alsdann werden sie dem* HERRN *nachfolgen.* ▍Hosea ist einer der frühesten Propheten Israels (8. Jh. v. Chr.) und der erste im sog. Zwölfprophetenbuch. Er kritisiert zwar die politischen, sozialen und religiösen Zustände im Land heftig, aber sein Hauptthema ist Gottes Liebe zu seinem Volk. «Von Anfang an hat Gott Israel geliebt, als er es aus Ägypten geführt hat. Doch bereits in der Wüste ist es ihm untreu geworden. Gottes Liebe aber ist grösser als sein Zorn. Deshalb kann es einen Neuanfang geben.» [1] ▍«Der Reichtum der alttestamentlichen Propheten ist in der Kirche weitgehend unbekannt. Dabei steht sie an den grossen Wendepunkten der Glaubensgeschichte Israels. Sie erinnert an das, was Menschen in ihrer Lebensweise, in der Bewältigung ihrer Aufgaben und in ihrer Beziehung zu Gott aus dem Blick verloren haben.» (P. Köster) [2] ▍

gott ist laut

gott ist laut	löwe brüllt
feuer tost	palast zergeht
mauer schmilzt	funke zischt
burg zerläuft	hitze sengt
platzender stein	quälender durst
funke stiebt	kehle rasselt
steile flamme	bröselndes haar
dürrer wald	schwarzer ast
staubiger kopf	asche deckt
flucht gebremst	hitze lähmt
wasser fehlt	löwe brüllt

▎Am 1,1–2: *Dies ist's, was Amos, der unter den Schafzüchtern von Tekoa war, gesehen hat über Israel zur Zeit Usijas, des Königs von Juda, und Jerobeams, des Sohnes des Joasch, des Königs von Israel, zwei Jahre vor dem Erdbeben. Und er sprach: Der* HERR *wird aus Zion brüllen und seine Stimme aus Jerusalem hören lassen, dass die Auen der Hirten vertrocknen werden und der Karmel oben verdorren wird.* ▎Amos hat zu einer ähnlichen Zeit wie Hosea (8. Jh. v. Chr.) gewirkt. Er gehört ebenfalls zu den ersten «Schriftpropheten» (es gibt deren 16: Jesaja, Jeremia, Ezechiel, Daniel, Hosea, Joel, Amos, Obadja, Jona, Micha, Nahum, Habakuk, Zefanja, Haggai, Sacharja, Maleachi). Amos stammt aus einem ländlichen Milieu, besitzt Schafherden und Maulbeerfeigenbäume. Er sei *kein Prophet, sondern Viehhirt, und Gott habe ihn von seiner Herde weggeholt* (Am 7,15), damit er prophetische Worte ausrichte. ▎Die Botschaft des Amosbuches ist die härteste aller Gerichtsprophetien. [2] ▎Der Schluss des Buches zeigt, dass das Gericht nicht Gottes letztes Wort ist, und kündigt eine heilvolle Zukunft an (Am 9,7–15). ▎

die zacken einebnen

die zacken einebnen die zacken
der berge die zacken der türme
die zacken der schritte und
  die zacken der zeit
    einebnen
      sein tag
    wird kommen und
die zeit wird eben werden
die zacken sind weg
und mit den götzen wird's ganz aus sein.

▌ Jes 2,12–18: *Denn der Tag des Herrn Zebaoth wird kommen über alles Hoffärtige und Hohe und über alles Erhabene, dass es erniedrigt werde: über alle hohen und erhabenen Zedern auf dem Libanon und über alle Eichen in Baschan, über alle hohen Berge und über alle erhabenen Hügel, über alle hohen Türme und über alle festen Mauern, über alle Tarsisschiffe im Meer und über alle kostbaren Boote, dass sich beugen muss alle Hoffart der Menschen und sich demütigen müssen, die stolze Männer sind, und der Herr allein hoch sei an jenem Tage. Und mit den Götzen wird's ganz aus sein.* ▌ Wie bei praktisch allen Propheten weiss man auch von Jesaja wenig Biografisches. Sein Vater muss schon Prophet gewesen sein; er war verheiratet mit einer Prophetin, und hatte zwei Söhne (Jes 8,1–3). [2] ▌ Jesaja kombiniert grandiose Verheissungen mit Gerichtsworten, die scharfe Kritik an der religiösen sowie politischen Oberschicht üben. ▌ Siehe auch die Passage in Georg F. Händels Messias: *Ev'ry valley shall be exalted, and ev'ry mountain and hill made low* (Jes 40,3), eine ähnliche Stelle, die streng und hoffnungsvoll zugleich ist. ▌

hüte dich

> hüte dich
> bleibe still
> keine angst
> sei unverzagt
> bleib wach
> steh im glauben
> sei mutig
> sei stark
> sei männlich
> sei weiblich
> sei menschlich
> warte ruhig

▌Jes 7,4: *Hüte dich und bleibe still; fürchte dich nicht, und dein Herz sei unverzagt vor diesen beiden Brandscheiten, die nur noch rauchen, dem glühenden Zorn Rezins und der Aramäer und des Sohnes Remaljas.* ▌Cf. 1. Kor 16,13f: *Wachet, steht im Glauben, seid mutig und seid stark! Alle eure Dinge lasst in der Liebe geschehen!* ▌ Propheten «erinnern an das Geheimnis Gottes, an JWHW, der nicht aufhört, Menschen und Völker aus ihren Verstrickungen zu befreien und ihnen ein Leben in Würde zu ermöglichen.» [2] ▌ «Das Buch Jesaja ist mit ‹Die Schauung des Propheten Jesaja› (Jes 1,1) überschrieben. Sein Inhalt bezieht sich auf die Epoche der Assyrer (8. und 7. Jh. v. Chr.), der Babylonier (6. Jh. v. Chr.) sowie auf die Zeit der Perser (5. und 4. Jh. v. Chr.) und erwartet schliesslich die Neuschöpfung von Himmel und Erde.» [3] ▌ «Der Prophet ist folglich jemand, dessen Aufgabe es ist, die Gemeinschaft immer wieder herauszufordern, das zu sein, was sie sein soll – die Gabe auszuleben, die Gott ihr gegeben hat.» (aus: Rowan Williams: Being Christian) [4] ▌

WIE WEITER?

wenn ihr ruhig

wenn ihr ruhig
wärt würde
euch geholfen
ihr wärt stark
durch still
halten und
hoffen aber ihr
wollt nicht und
sagt nein
wieder nein
ewige nein-
sager ihr! sagt
mal was
anderes! wie
wärs mit ja?

▌Jes 30,15f: *Denn so spricht Gott der* HERR, *der Heilige Israels: Wenn ihr umkehrtet und stille bliebet, so würde euch geholfen; durch Stillesein und Vertrauen würdet ihr stark sein. Aber ihr habt nicht gewollt und spracht:* «*Nein, sondern auf Rossen wollen wir dahinfliegen*», – *darum werdet ihr dahinfliehen,* «*und auf Rennern wollen wir reiten*», – *darum werden euch eure Verfolger überrennen.* ▌Propheten «handeln und reden um der Integrität der Gemeinschaft willen, ihrer Treue zu dem, was sie wirklich sein soll. Jesaja und Jeremia und Amos und Hosea sagen ständig zum Volk Israel: Erinnert ihr euch nicht, wer ihr seid? Habt ihr vergessen, wozu euch Gott berufen hat? Da seid ihr und richtet euch gemütlich ein mit aller Art von Ungleichheit, Ungerechtigkeit und Korruption in eurer Gesellschaft. Habt ihr vollständig vergessen, wozu ihr da seid?» (Rowan Williams) [4] ▌Im alttestamentlichen Kanon nimmt das Buch Jesaja nach der hebräischen und der lateinischen Tradition die erste Stelle unter den Prophetenbüchern ein. Jesaja ist damit der ‹Stimmführer› der auf ihn folgenden Propheten. [3] ▌

WIE WEITER?

gott harrt

gott harrt gott wartet gott passt
den moment ab
gott sehnt sich danach
euch gnädig zu sein
wann lasst ihr seine gnade
geschehen
wann lasst ihr es zu
gerettet
zu werden
er wartet
nur auf
ein zeichen
eurerseits

▎Jes 30,18–20a: *Darum harrt der* HERR *darauf, dass er euch gnädig sei, und darum macht er sich auf, dass er sich euer erbarme; denn der* HERR *ist ein Gott des Rechts. Wohl allen, die auf ihn harren! Du Volk Zions, das in Jerusalem wohnt, du wirst nicht weinen! Er wird dir gnädig sein, wenn du rufst. Er wird dir antworten, sobald er's hört. Und der Herr wird euch in Trübsal Brot und in Ängsten Wasser geben.* ▎«Was tun Propheten im Alten Testament? Natürlich tun sie mehr als die Zukunft vorhersagen. Viel wichtiger ist ihre Aufgabe, so zu handeln und zu reden, dass das Volk Israel zu ihrer eigentlichen Wahrheit und Identität zurückgerufen wird. Sie handeln und sie reden um der Integrität der Gemeinschaft willen, ihre Treue zu dem, was sie wirklich sein soll.» (Rowan Williams) ▎«Aber auch ‹Prophet› ist eine leicht irreführende Übersetzung: der *nawi*, der Kundgeber zwischen Himmel und Erde, der ‹Künder›, ‹prophezeit› nicht, er hatte nicht eine feststehende Zukunft anzusagen, sondern seine Hörer vor die Alternative zu stellen.» (Martin Buber) [5] ▎

WIE WEITER?

ein richtiger prophet

ein richtiger prophet kann folgendes
(checkliste auf tonscherbe)
reden aus gottes antrieb
nicht dem eigenen geist folgen
nicht wie ein fuchs in den trümmern herumspringen
seelen befreien statt seelen fangen   aber
substantielle visionen bezeugen   ein falscher prophet
keine lügen wahrsagen   ist rechthaberisch
nichts übertünchen   sagt er sei ein prophet
in die bresche treten   hat eine schwäche für süsses
zur mauer werden   hält sich an nichtiges
                                   fabriziert klötze von götzen

▎Ez 13,1–5: *Und des* HERRN *Wort geschah zu mir: Du Menschenkind, weissage gegen die Propheten Israels, die da weissagen, und sprich zu denen, die aus ihrem eigenen Herzen weissagen «Höret des* HERRN *Wort!»: So spricht Gott der* HERR: *Weh den törichten Propheten, die ihrem eigenen Geist folgen und nichts geschaut haben! O Israel, deine Propheten sind wie die Füchse in den Trümmern! Ihr seid nicht in die Bresche getreten und habt keine Mauer errichtet um das Haus Israel, damit es fest steht im Kampf am Tage des* HERRN. *Ihre Gesichte sind nichtig, und ihr Weissagen ist Lüge.* ▎ Ezechiel (oder Hesekiel) gehört zu den grossen und sogenannt vorderen Propheten (die kleinen und «hinteren» sind die im Zwölfprophetenbuch enthaltenen). ▎ Nach den im Buch enthaltenen Datierungen hat Ezechiel im 6. Jh. v. Chr. als Prophet unter den nach Babylonien weggeführten Judäern gewirkt. ▎ Ezechiel und viele andere Propheten befinden sich im ständigen Kampf mit falschen Propheten. Hier beschreibt Ezechiel anschaulich, wie sich falsche Propheten verhalten. ▎

WIE WEITER?

Leerstelle 2
Schablone und Öl auf Papier, 2022
13,5 × 14,5 cm

WIE WEITER?

wenn eine schwere schicht auf dir lastet

wenn eine schwere schicht auf dir lastet
wisse
gott wird
die hülle wegnehmen
den tod verschlingen
die tränen abwischen
den bann aufheben
die mauern zu staub machen
doch den frieden erneuern

▎Jes 25,7–9: *Und er wird auf diesem Berge die Hülle wegnehmen, mit der alle Völker verhüllt sind, und die Decke, mit der alle Heiden zugedeckt sind. Er wird den Tod verschlingen auf ewig. Und Gott der Herr wird die Tränen von allen Angesichtern abwischen und wird aufheben die Schmach seines Volks in allen Landen; denn der Herr hat's gesagt. Zu der Zeit wird man sagen: «Siehe, das ist unser Gott, auf den wir hofften, dass er uns helfe. Das ist der* HERR, *auf den wir hofften; lasst uns jubeln und fröhlich sein über sein Heil.»* ▎ Cf. Jes 26,3: *Wer festen Herzens ist, dem bewahrst du Frieden; denn er verlässt sich auf dich.* ▎ Cf. Offb 21,3–5, die Jes 25 aufnimmt: *Und ich hörte eine große Stimme von dem Thron her, die sprach: Siehe da, die Hütte Gottes bei den Menschen! Und er wird bei ihnen wohnen, und sie werden seine Völker sein, und er selbst, Gott mit ihnen, wird ihr Gott sein; und Gott wird abwischen alle Tränen von ihren Augen, und der Tod wird nicht mehr sein, noch Leid noch Geschrei noch Schmerz wird mehr sein; denn das Erste ist vergangen. Und der auf dem Thron saß, sprach: Siehe, ich mache alles neu! Und er spricht: Schreibe, denn diese Worte sind wahrhaftig und gewiss!* ▎

WIE WEITER?

Positiv-Form
Schablone und Öl auf Papier, 2023
12,5 × 13,5 cm

WIE WEITER?

mein haus

mein haus –
was habt ihr daraus gemacht

eine bank
eine räuberhöhle
ein museum der götzen
eine spielhölle
warum nur

ich wollte doch ein haus des gebetes

▍Jer 7,10f: *Und dann kommt ihr und tretet vor mich in diesem Hause, das nach meinem Namen genannt ist, und sprecht: Wir sind geborgen, – und tut weiter solche Gräuel. Haltet ihr denn dies Haus, das nach meinem Namen genannt ist, für eine Räuberhöhle? Siehe, ich sehe es wohl, spricht der* HERR. ▍Das Buch Jeremia ist das längste Prophetenbuch und beschäftigt sich wie kein anderes mit den letzten Jahrzehnten des Königreichs Juda und seiner Eroberung durch den babylonischen König Nebukadnezzar II (586 v. Chr.). Es setzt sich intensiv mit dem Untergang von Königreich und Tempel auseinander. Dieses Ereignis wurde nicht nur als eine Katastrophe, sondern auch als eine tiefe Krise im Verhältnis zu Gott erfahren. [1] ▍Jesus bezieht sich auf die Jeremia-Stelle (cf. Mk 11,15.17): *Und Jesus ging in den Tempel und fing an, hinauszutreiben die Verkäufer und Käufer im Tempel; und die Tische der Geldwechsler und die Stände der Taubenhändler stieß er um. Und er lehrte und sprach zu ihnen: Steht nicht geschrieben: «Mein Haus wird ein Bethaus heißen für alle Völker»? Ihr aber habt eine Räuberhöhle daraus gemacht.* ▍

vielleicht ist es nicht zu spät

vielleicht ist es nicht zu spät
vielleicht ist es möglich   umzudrehen
eine andere richtung einzuschlagen
anders und grösser zu denken
versucht es wenigstens
vielleicht ändert er seinen Beschluss
vielleicht tut ihm das geschehene leid
er ist doch einer dem das unheil leid tut
vielleicht bleibt noch   segen übrig
denn er ist
unendlich geduldig
unendlich gütig und
unendlich barmherzig

▮ Joel 2,12–14 (BB): *So lautet der Ausspruch des Herrn: «Noch ist es nicht zu spät! Kehrt um zu mir von ganzem Herzen! Fastet und bereut unter Weinen und Klagen! Zerreißt eure Herzen und nicht eure Kleider!» Ja, kehrt um zum Herrn, eurem Gott: Reich an Gnade und Barmherzigkeit ist er, unendlich geduldig und voller Güte. Er ist einer, dem das Unheil leid tut. Vielleicht ändert er seinen Beschluss? Vielleicht tut ihm das Geschehene noch leid und er lässt euch etwas vom Erntesegen übrig?* ▮ Über das Leben des Propheten Joel, der in Jerusalem gewirkt hat, ist nichts bekannt. ▮ Das Buch Joel kreist von Anfang bis Ende um ein einziges Thema, den «Tag JHWHs». Der Tag JHWHs kommt mit Sicherheit, niemand kann ihm entrinnen. Er kann für Israel wie für die Völker Vernichtung als auch endgültiges Heil bedeuten. [2] ▮ Obwohl JHWH selbst diesen furchtbaren Tag herbeiführt, fällt er sich – wie bei Hosea 11 – gleichsam selbst im letzten Augenblick in den Arm und macht deutlich, dass er immer noch auf die Verschonung Israels aus ist und einen Weg zum Überleben öffnet. [2] ▮

WIE WEITER?

der mond steht still

>der mond steht still
>der pfeil ist verblasst
>das land zertreten
>das dach durchschlagen
>das monster durchbohrt

und jetzt
>   wie weiter
>du bist am zug o gott
>ich warte bis du handelst

mit kraft
>erst dann freue ich mich wieder
>   mit flinken füssen

▌Hab 3,11–14.18f: *Sonne und Mond stehen still; deine Pfeile fahren mit Glänzen dahin beim Leuchten deines blitzenden Speeres. Du zertrittst das Land im Zorn und zerdrischst die Völker im Grimm. Du ziehst aus, deinem Volk zu helfen, zu helfen deinem Gesalbten. Du zerschlägst das Dach vom Hause des Gottlosen und entblößt die Grundfeste bis auf den Fels. Sela. Du durchbohrst mit seinen eigenen Pfeilen das Haupt seiner Krieger. Sie stürmen heran. Ihre Freude ist es, mich zu zerstreuen, als wollten sie den Elenden im Verborgenen fressen. Aber ich will mich freuen des Herrn und fröhlich sein in Gott, meinem Heil. Denn der* HERR *ist meine Kraft, er hat meine Füße wie Hirschfüße gemacht und führt mich über die Höhen. Vorzusingen, beim Saitenspiel.* ▌Ausser seinem Namen und seinem Titel «Prophet» erfahren wir nichts über Habakuk. Die massive Kritik an den sozialen Missständen und die Vision von einem heranbrausenden Reitersturm passen in die Zeit, während der auch Jeremia gewirkt hat (etwa 600 v.Chr.). ▌Das Buch Hab enthält neben einem Gespräch zwischen Gott und Prophet und den Klagen über die Besatzer auch einen Psalm. ▌

NICHT ZU VERGESSEN

das Haupt
Schablone und Öl auf Papier, 2022
15 × 14 cm

gebrauchte scherbe

gebrauchte scherbe	aufzubewahren
merke	nicht vergessen
sonst	gehe ich unter
oder	verzweifle bald
gott du bist	meine stärke
gott du bist	mein psalm
gott du bist	mein heil
damit kann	ich wasser
schöpfen mit	freuden
aus den brunnen	des heiles

▌Jes 12,1–5: *Zu der Zeit wirst du sagen: Ich danke dir,* HERR! *Du bist zornig gewesen über mich. Möge dein Zorn sich abkehren, dass du mich tröstest. Siehe, Gott ist mein Heil, ich bin sicher und fürchte mich nicht; denn Gott der Herr ist meine Stärke und mein Psalm und ist mein Heil. Ihr werdet mit Freuden Wasser schöpfen aus den Brunnen des Heils. Und ihr werdet sagen zu der Zeit: Danket dem* HERRN, *rufet an seinen Namen! Machet kund unter den Völkern sein Tun, verkündiget, wie sein Name so hoch ist!* ▌ «Zu den theologischen Schwerpunkten bei Jesaja gehört der Zusammenhang von Heil und Gericht, der eng mit der Erfahrung seiner Berufung verbunden ist.» [2] ▌ Jes verwendet (oder dichtet) einen Psalm, um mit seinem Weg als Prophet klarzukommen. Er möchte, wenn es eng und die Situation bedrückend wird, nicht vergessen, was er in der Gottesbegegnung erfahren hat. S. a. Ps 103,2: *Lobe den Herrn, meine Seele, und vergiss nicht, was der dir Gutes getan hat.* ▌ Das Gottesvolk betet nach dem Auszug aus Ägypten ganz ähnlich: *Der Herr ist meine Stärke und mein Lobgesang und ist mein Heil.* (Ex 15,2) ▌

NICHT ZU VERGESSEN

memento auf ton

memento auf ton
    vergiss nicht
pass auf
    deine ohren werden
hinter dir
    das wort hören
das ist der weg
    den geh
denn das wort
    erklingt von hinten
trägt nach vorn
    in die neue richtung
der zukunft

▌Jes 30,18–21: *Darum harrt der Herr darauf, dass er euch gnädig sei, und darum macht er sich auf, dass er sich euer erbarme; denn der Herr ist ein Gott des Rechts. Wohl allen, die auf ihn harren! Du Volk Zions, das in Jerusalem wohnt, du wirst nicht weinen! Er wird dir gnädig sein, wenn du rufst. Er wird dir antworten, sobald er's hört. Und der Herr wird euch in Trübsal Brot und in Ängsten Wasser geben. Und dein Lehrer wird sich nicht mehr verbergen müssen, sondern deine Augen werden deinen Lehrer sehen. Und wenn ihr zur Rechten oder zur Linken gehen wollt, werden deine Ohren hinter dir das Wort hören: Dies ist der Weg; den geht!*

▌«Jede Generation steht vor dem Problem, empfangene Überlieferungen weiterzugeben, sie auf ihre gegenwärtige Situation hin zu deuten und zwar so, dass sich neue Perspektiven erschliessen. Das Prophetentum in Israel übernimmt ein Erbe aus der Vergangenheit, kritisiert die unmittelbare Gegenwart und entwirft eine Zukunftsvision, in der das, was nicht zur Disposition gestellt werden darf, wieder voll zu Geltung kommen soll.» [2] ▌

NICHT ZU VERGESSEN

das heisst trösten

das heisst trösten:
   vom reich gottes sprechen
das heisst trösten:
   gesundmachen die heilung brauchen
tröstet mein volk
   tröstet spricht euer gott
salbt die menschen
   mit barmherzigkeit und trost
wie der sohn gottes
   in der wüste ruft
ich bin ja ich bin euer tröster
   holt den trost
wiederholt den trost

▌ Jes 40,1–3: *Tröstet, tröstet mein Volk!, spricht euer Gott. Redet mit Jerusalem freundlich und predigt ihr, dass ihre Knechtschaft ein Ende hat, dass ihre Schuld vergeben ist; denn sie hat die volle Strafe empfangen von der Hand des HERRN für alle ihre Sünden. Es ruft eine Stimme: In der Wüste bereitet dem HERRN den Weg, macht in der Steppe eine ebene Bahn unserm Gott!* ▌ Mit Jes 40 erklingt ein neuer Ton, voller Trost und Herzlichkeit. Es spricht hier (Kap. 40–54) ein anderer Jesaja – er wird auch Deutero-Jesaja genannt –, und von Kap. 56–66 an ein dritter (Trito-Jesaja). ▌ Lukas 9,11: *Jesus ließ sie zu sich und sprach zu ihnen vom Reich Gottes und machte gesund, die der Heilung bedurften.* ▌ Hildegard von Bingen (1098–1179) sagt: «Salbe die Menschen mit Barmherzigkeit und Trost wie der Sohn Gottes.» «Noch nie hat Gott durch einen Propheten mit so viel provozierender Güte und Wärme zu seinem Volk gesprochen, damit es zu seiner ursprünglichen Identität zurückfindet.» [2] ▌ Jes 51,12: *Gott sagt: Ich bin es, der dich tröstet.* ▌ Jes 40,1 auf Englisch: *Comfort ye, comfort ye my people, saith your God.* (King James Version) ▌

nun schreibe ich

nun
schreibe ich auf meine scherbe
denn heute ist der tag des
nun
ist vieles möglich – liebe ist
möglich – alles ist möglich da
nun
du in die jetzigen möglichkeiten
kommst – so fürchte dich
nun
nicht – denn ich bin bei dir
so viel habe ich heute von dir erfasst
nun
wird alles gut – wir verzagen
nicht – wir ängstigen uns nicht

▌Jes 43,4f: *Weil du teuer bist in meinen Augen und herrlich und weil ich dich lieb habe, gebe ich Menschen an deiner statt und Völker für dein Leben. So fürchte dich nun nicht, denn ich bin bei dir. Ich will vom Osten deine Kinder bringen und dich vom Westen her sammeln.* ▌Zahllose Male ermutigt Gott seine Menschen, die Angst abzulegen, sei es nun in den Evangelien, den Psalmen, oder den Propheten, und unter letzteren ganz besonders Deutero-Jesaja. *Fürchte dich nicht, denn ich bin bei dir! Hab keine Angst, denn ich bin dein Gott! Ich mache dich stark und helfe dir.* (Jes 41,10) ▌Damit man nicht vergisst, muss immer wieder aufgeschrieben werden, dass die Angst besiegt werden kann. ▌*Gott sprach: Komm, nimm dir eine Tafel! Schreib die Botschaft auf, sodass es jeder sehen kann! Ritze sie als Inschrift ein, damit sie für immer erhalten bleibt.* (Jes 30,8) ▌Jesus Sirach kommentiert das Buch Jesaja so: *Mit grosser Geisteskraft schaute er (Jesaja) die Zukunft und tröstete die Trauernden in Zion. Für fernste Zeit verkündete er das Kommende und das Verborgene, bevor es geschah.* (Jes Sir 48,25) ▌

NICHT ZU VERGESSEN

von oben
Schablone und Öl auf Papier, 2022
12 × 14,5 cm

du kennst keinen gott neben

du kennst keinen gott neben
mir und keinen heiland als
allein mich vergiss es nicht
ich nahm mich ja deiner
an in der wüste in der
dürre du bekamst genug
reichlich doch dann schw
oll dein herz dick an du
bringst dich ins unglück
denn du hast mich vergessen

▍Hos 13,4–6: *Ich aber bin der* HERR, *dein Gott, von Ägyptenland her. Einen Gott neben mir kennst du nicht und keinen Heiland als allein mich. Ich nahm mich ja deiner an in der Wüste, im dürren Lande. Aber als sie geweidet wurden, dass sie satt wurden und genug hatten, erhob sich ihr Herz; darum vergaßen sie mich.*
▍Hosea schildert einen Gott mit Liebeskummer: er ist enttäuscht vom Gegenüber (dem «Gottesvolk»), das ihn nicht mehr beachtet, ja nichts mehr von ihm wissen will. ▍Am Ende des Hosea-Buches zeigt Gott, dass er nicht nicht lieben kann (wie Eltern, die ihre Kinder viel zu sehr lieben, als dass sie ihnen grollen könnten): *Ich will ihre Abtrünnigkeit heilen; gerne will ich sie lieben; denn mein Zorn hat sich von ihnen gewendet. Ich will für Israel wie der Tau sein, dass es blüht wie eine Lilie und seine Wurzeln ausschlagen wie der Libanon und seine Zweige sich ausbreiten, dass es so schön sei wie ein Ölbaum und so guten Geruch gebe wie der Libanon. Und sie sollen wieder unter seinem Schatten sitzen; von Korn sollen sie sich nähren und sprossen wie der Weinstock, der berühmt ist wie der Wein vom Libanon.* (Hos 14,5–8) ▍

Leerstelle 1
Tusche auf Papier, 2021
11 × 14 cm

NICHT ZU VERGESSEN

zeichnung auf stein

zeichnung auf stein
zeichen fordern
zuwenig leben
zu müde für begegnung
zumutung des tages
zukunft fehlt
zusammenhang auch
zeichen gott-mit-uns
zu sehen bekommen
zutrauen fassen
zuvorkommender gott
zugang
zur liebe

▌ Jes 7,10–14: *Und der* HERR *redete abermals zu Ahas und sprach: Fordere dir ein Zeichen vom* HERRN, *deinem Gott, es sei drunten in der Tiefe oder droben in der Höhe! Aber Ahas sprach: Ich will's nicht fordern, damit ich den* HERRN *nicht versuche. Da sprach Jesaja: Wohlan, so hört, ihr vom Hause David: Ist's euch zu wenig, dass ihr Menschen müde macht? Müsst ihr auch meinen Gott müde machen? Darum wird euch der Herr selbst ein Zeichen geben: Siehe, eine Jungfrau ist schwanger und wird einen Sohn gebären, den wird sie nennen Immanuel.* ▌ Immanuel heisst «Mit-uns-Gott». Der Evangelist Matthäus zitiert diese Stelle in seinem Bericht von Jesu Geburt und interpretiert die Jesaja-Prophetie als erfüllt in Jesus Christus (Mt 1,22f). ▌ «Ohne eine starke und tief im Herzen verankerte Vision wird niemand aufbrechen und ohne eine Visionsgemeinschaft werden keine Handlungsoptionen entwickelt und auf den Weg gebracht.» [2] ▌ «Was wir im Auge haben, das prägt uns, da hinein werden wir verwandelt, und wir kommen, wohin wir schauen.» (Heinrich Spaemann) ▌

scherbe damit ich

scherbe damit ich
nicht vergesse wenn
ich in der
wüstennacht sitze
und die tempe ratur
bis zum gefrier punkt
sinkt: er wird mich
ans licht seines
namens in die wärme
seines reiches und
zur oase seines
willens bringen amen

▌Mi 7, 8f: *Freue dich nicht über mich, meine Feindin! Wenn ich auch darniederliege, so werde ich wieder aufstehen; und wenn ich auch im Finstern sitze, so ist doch der* HERR *mein Licht … Er wird mich ans Licht bringen, dass ich meine Freude an seiner Gerechtigkeit habe.* ▌ Der Prophet Micha ist Ende des 8. Jh. v. Chr. aufgetreten, also ungefähr zu derselben Zeit wie der Prophet Jesaja. Wie Hosea und Amos gehört Micha zu den Gerichtspropheten. Seine Botschaft hat eine solche Wirkung hinterlassen, dass man sich noch Jahrhunderte später mit ihr auseinandergesetzt hat. [1] ▌ Im Buch Mi (4,1–5) ist die Ankündigung einer Friedenszeit zu entdecken, die praktisch wortgleich auch in Jes 2,2–5 zu finden ist. ▌ Im NT wird die Verheißung, dass der künftige Retter aus Betlehem kommt (Mi 5,1–5), in der Geburtsgeschichte von Jesus zitiert (Mt 2,6). ▌ Ein Prophet, so die kurze Definition der BB, «verkündet, was Gott in einer bestimmten Situation zu sagen hat». ▌ Prophet auf Hebräisch: Das Wort נָבִיא nāvi' dürfte so etwas bedeuten wie «der Ernannte/der (für eine Aufgabe) Bestimmte/der Berufene». [6] ▌

selbstgespräch auf scherben

ich tue sünde. sage ich mir. verlasse die quelle. sage ich mir.
bau rissige zisterne. sage ich mir. erschrecke. sage ich mir.
selber schuld. sage ich mir. wenn du gott verlässt.
sage ich mir.

hat doch keinen sinn. sage ich mir. gott wechseln – unsinn.
sage ich mir. selbstgemachtes unglück. sage ich mir. rissige
wasserflasche. sage ich mir. mich mit lauge waschen. aua –
sage ich mir.

▌Zu Jer 2,12.13.17,18: *Entsetze dich, Himmel, darüber, erschrick und erbebe gar sehr, spricht der* HERR. *Denn mein Volk tut eine zwiefache Sünde: Mich, die lebendige Quelle, verlassen sie und machen sich Zisternen, die doch rissig sind und das Wasser nicht halten. Das alles hast du dir doch selbst bereitet, weil du den* HERRN, *deinen Gott, verlässt, sooft er dich den rechten Weg leiten will. Und du musst innewerden und erfahren, was es für Jammer und Herzeleid bringt, den Herrn, deinen Gott, zu verlassen.* ▌Nach Jer 1,1–3 umfasst die Wirklichkeit des Propheten ca. 40 Jahre, eine Zeit voller Umbrüche und Veränderungen: Im 13. Jahr der Regierung Josijas (ca. 627 v. Chr.) wurde Jeremia zum Propheten berufen, 587/586 fiel Jerusalem und wurde von den Babyloniern zerstört. Danach wurden grosse Bevölkerungsteile nach Babylonien deportiert. [2] ▌«Das Exil als der tiefste Einschnitt und der folgenschwerste Umbruch führt nicht zum Ende der Geschichte Israels und seines JHWH-Glaubens, sondern zur grundlegenden Erneuerung des jüdischen Glaubens und der jüdischen Identität.» [2] ▌

NICHT ZU VERGESSEN

es ist ein köstlich ding

es ist ein köstlich ding geduldig zu sein
und auf die hilfe des herrn hoffen
immer köstlich? nun ja – oft. oder
gelegentlich. selten. ich male das
auf die scherbe und hoffe auf geduld
auf das köstliche gefühl geduldig
zu sein. bin unglücklich in meiner
ungeduld. gelobe geduld, ungeduldig

▍Klgl 3,21–29: *Dies nehme ich zu Herzen, darum hoffe ich noch: Die Güte des Herrn ist's, dass wir nicht gar aus sind, seine Barmherzigkeit hat noch kein Ende, sondern sie ist alle Morgen neu, und deine Treue ist groß. Der Herr ist mein Teil, spricht meine Seele; darum will ich auf ihn hoffen. Denn der Herr ist freundlich dem, der auf ihn harrt, und dem Menschen, der nach ihm fragt. Es ist ein köstlich Ding, geduldig sein und auf die Hilfe des Herrn hoffen. Es ist ein köstlich Ding für einen Mann, dass er das Joch in seiner Jugend trage. Er sitze einsam und schweige, wenn Gott es ihm auferlegt, und stecke seinen Mund in den Staub; vielleicht ist noch Hoffnung.* ▍Die Klagelieder umfassen fünf poetisch gestaltete Kompositionen. Sie beklagen die Zerstörung Jerusalems und seines Tempels und versuchen, das Geschehene theologische zu bewältigen. Obwohl die Klgl keinen Verfasser nennen, hat die griechische Bibeltradition diesem Buch den Propheten Jeremia zugeschrieben. [3] ▍S. a. 2. Thess 3,5: *Der Herr aber richte eure Herzen aus auf die Liebe Gottes und auf das Warten auf Christus.* ▍

NICHT ZU VERGESSEN

wer tut das

>wer tut das
>wer macht es
>wer ruft
>ich bins
>bin die
>erste
>und bei
>den letzten
>noch dieselbe
>keine angst
>ich helfe dir
>welche mutter
>könnte dich vergessen
>liebes kind

▌Jes 40,12–14: *Wer misst die Wasser mit der hohlen Hand, und wer bestimmt des Himmels Weite mit der Spanne und fasst den Staub der Erde mit dem Maß und wiegt die Berge mit einem Gewicht und die Hügel mit einer Waage? Wer bestimmt den Geist des* HERRN, *und welcher Ratgeber unterweist ihn? Wen fragt er um Rat, der ihm Einsicht gebe und lehre ihn den Weg des Rechts und lehre ihn Erkenntnis und weise ihm den Weg des Verstandes?* ▌ Jes 49,15: *Kann auch eine Frau ihr Kindlein vergessen, dass sie sich nicht erbarme über den Sohn ihres Leibes? Und ob sie seiner vergäße, so will ich doch deiner nicht vergessen.* ▌ «Wie eine liebende Mutter wendet sich JHWH erneut dem Zion zu, um ihn aus seiner Gottvergessenheit herauszuführen.» [2] ▌ «Zu den theologischen Schwerpunkten Deuterojesajas gehört, dass es neben JHWH, dem Herrn der Schöpfung und der Geschichte, dem Gott aller Menschen und Völker, keine göttliche Konkurrenz mehr gibt. Vor allem in den Kap. 40–48 wird in einer bis dahin nie da gewesenen Weise die Einzigkeit des Gottes Israels behauptet.» [2] ▌

habt ihr nicht

habt ihr nicht einen vater – doch
seht ihr nicht schon das neue reich – doch
wolltet ihr nicht seinen willen tun – doch
    bekommt ihr nicht genug – doch
könnt ihr nicht vergebung annehmen und gewähren – doch
und steht ihr nicht unter gottes schutz
seit geraumer zeit – doch
    was wollt ihr noch mehr – die antwort steht noch aus

❙ Mal 1,6: *Bin ich nun Vater, wo ist meine Ehre? Bin ich Herr, wo fürchtet man mich?* ❙ Cf. Mal 2,10: *Haben wir nicht alle einen Vater? Hat uns nicht ein Gott geschaffen?* ❙ Das Buch Maleachi ist das letzte des AT. Es beginnt mit den Worten «eine prophetische Botschaft» und gibt sich damit als Fortsetzung des Sacharjabuches zu erkennen. Es enthält die Botschaft eines unbekannten Propheten, dem der Name Maleachi beigelegt wird. Der Name ist Programm und bedeutet «mein Bote» oder «Bote des Herrn». [1] ❙ Markus setzt an den Anfang seines Evangeliums folgenden Satz: *Siehe, ich sende meinen Boten vor dir her. Der wird dir den Weg bereiten. Eine Stimme ruft in der Wüste: Macht den Weg bereit für den Herrn, ebnet ihm die Strasse.* Das Zitat von Mk 1,2f setzt sich zusammen aus Ex 23,20; Jes 40,3 und Mal 3,1. Im NT ist «Vater» die wichtigste Metapher für Gott. Auch im AT ist die Vorstellung von Gott als Vater bekannt. Sie ist nicht so selten, wie zum Teil behauptet wird (wenn sie auch nicht den gleichen Stellenwert wie im NT hat). [6] ❙

GOTTESBEGEGNUNG UND AUSEINANDERSETZUNG

Liegendes Haupt
Schablone und Öl auf Papier, 2022
13 × 12,5 cm

anstellungsgespräch

– ich kenne dich schon lange
– seit wann
– habe dich vor deiner geburt ins auge gefasst
– warum mich
– du sollst prophet sein
– ach dazu tauge ich nicht
– sag nicht ach
– ich bin zu jung
– sag nicht ich bin zu jung
– ich bin unfähig
– du bist fähig zu allem
– ich fühle mich schwach
– bestens so weisst du dass du mich brauchst
– ach nimm einen anderen
– ich habe keinen anderen (und sag nicht immer ach)

❚ Jer 1,4–8: *Und des* HERRN *Wort geschah zu mir: Ich kannte dich, ehe ich dich im Mutterleibe bereitete, und sonderte dich aus, ehe du von der Mutter geboren wurdest, und bestellte dich zum Propheten für die Völker. Ich aber sprach: Ach, Herr* HERR, *ich tauge nicht zu predigen; denn ich bin zu jung. Der* HERR *sprach aber zu mir: Sage nicht: «Ich bin zu jung», sondern du sollst gehen, wohin ich dich sende, und predigen alles, was ich dir gebiete. Fürchte dich nicht vor ihnen; denn ich bin bei dir und will dich erretten, spricht der* HERR. ❚ Das Buch Jeremia ist das umfangreichste Prophetenbuch im AT. Seine 52 Kapitel enthalten Prophetenworte und Erzählungen über Jeremia, die im 6. Jh. v. Chr in den letzten Jahrzehnten des Königtums Juda und in den darauf folgenden Jahren spielen. [3] ❚ Jeremia ist der «persönlichste Prophet»; er ist der, der am meisten von sich preisgibt, und bei dem wir entsprechend am meisten über das Innere eines Propheten erfahren. Von seiner Berufung an ist er in ständiger Auseinandersetzung mit Gott, mit sich selbst und mit dem Volk, dem er meistens harte Ansagen machen muss. ❚

gesprächsnotiz auf scherbe

gesprächsnotiz auf scherbe
gott spricht: ich habe euch lieb!
ihr aber sagt: woran sehen wir das?
er: gebt meinem namen die ehre!
ihr: wodurch verachten wir denn deinen namen?
er: ihr bringt keine richtigen opfer!
ihr: sind wir nicht das opfer unserer zeit?
er: setzt ganz auf die gnade!
ihr: traust du uns denn gar nichts zu?
er: eure verweigerung macht mich rasend!
ihr: bist du uns böse?

▌Mal 1,2.3.9.11: *Ich habe euch lieb, spricht der* HERR. *Ihr aber sprecht: «Wie hast du uns lieb?» Ist nicht Esau Jakobs Bruder?, spricht der* HERR; *und doch hab ich Jakob lieb und hasse Esau und habe sein Gebirge öde gemacht und sein Erbe den Schakalen zur Wüste. Und nun bittet doch Gott, dass er uns gnädig sei! Von euch ist solches geschehen. Meint ihr, er werde euch freundlich ansehen?, spricht der* HERR *Zebaoth. Denn vom Aufgang der Sonne bis zu ihrem Niedergang ist mein Name herrlich unter den Völkern, und an allen Orten wird meinem Namen ein Räucheropfer und ein reines Opfer dargebracht; denn mein Name ist herrlich unter den Völkern, spricht der* HERR *Zebaoth.* ▌ Ein Kennzeichen von Mal sind die sog. Diskussionsworte. Diese sind formal nach einem immer gleichen Schema aufgebaut: Am Anfang steht jeweils eine Feststellung, die den Widerspruch der Angesprochenen herausfordert. Der Einspruch wird vom Propheten oder von Gott selbst zurückgewiesen und endet in einer Schlussfolgerung (Gerichtsankündigung oder Heilsverheissung) ▌ Als Prophet hat Mal oft eine Mittlerposition inne («broker role»). ▌

mein wort kommt nicht leer

mein	wort	kommt	nicht	leer
zu	mir	zurück	nein	ist
es	mal	mit	seiner	fülle
unter	wegs	dann	gelingt	ihm
alles	was	es	will	so
ist	das	mit	meinem	Wort
mein	wort	dringt	durch	haut
und	knochen	nichts	hält	es
auf	ist	es	mal	drinnen
bleibt	es	in	euch	und
ihr	in	ihm	wort	reich

❚ Jes 55,11f: *So soll das Wort, das aus meinem Munde geht, auch sein: Es wird nicht wieder leer zu mir zurückkommen, sondern wird tun, was mir gefällt, und ihm wird gelingen, wozu ich es sende. Denn ihr sollt in Freuden ausziehen und im Frieden geleitet werden.* ❚ Gott spricht sein Wort in die Welt hinein; es kommt herab, verselbständigt sich und bewirkt, was Gott im Sinn hat. Der Prophet übermittelt es, richtet es aus. ❚ Ps 33,4–6.9: *Denn des Herrn Wort ist wahrhaftig, und was er zusagt, das hält er gewiss. Er liebt Gerechtigkeit und Recht; die Erde ist voll der Güte des Herrn. Der Himmel ist durch das Wort des Herrn gemacht und all sein Heer durch den Hauch seines Mundes. Denn wenn er spricht, so geschieht's; wenn er gebietet, so steht's da.* ❚ Das Wort Prophet (προφήτης) kommt vom griech. Verb pro-phemi, das vor-sprechen bedeutet, im Sinne von «vor anderen sprechen» (verkünden) oder «voraussagen» (weissagen). ❚ «Prophet (griechisch = öffentlicher Künder) bezeichnet in der Umgangssprache einen Menschen, der Zukünftiges voraussagen kann, das aus Vergangenheit und Gegenwart nicht erschließbar ist» (H. Vorgrimler). ❚

freue dich sehr

freue dich sehr
siehe dein könig
kommt zu dir
ein gerechter und
ein retter · er
ist klein · reitet
auf einem esel ·
kommt zu dir ·
nicht du zu
ihm · er ist
arm · du bist
reich · du bist
gerettet · freue dich
sehr · juble laut

❙ Sach 9,9–11: *Du, Tochter Zion, freue dich sehr, und du, Tochter Jerusalem, jauchze! Siehe, dein König kommt zu dir, ein Gerechter und ein Helfer, arm und reitet auf einem Esel, auf einem Füllen der Eselin. Denn ich will die Wagen vernichten in Ephraim und die Rosse in Jerusalem, und der Kriegsbogen soll zerbrochen werden. Denn er wird Frieden gebieten den Völkern, und seine Herrschaft wird sein von einem Meer bis zum andern und vom Strom bis an die Enden der Erde.* ❙ Sacharja war Prophet in der nachexilischen Zeit (6. Jh. v. Chr.) und gehört möglicherweise zu den aus Babylon nach Jerusalem zurückgekehrten Juden. ❙ Seine Vision vom Kommen des Friedenskönigs wird im NT im Zusammenhang mit dem Einzug von Jesus in Jerusalem zitiert (Mt 21,4–5; Joh 12,14–15) ❙ *Prophet* kann mit «Vorhersager» übersetzt werden. Indem sie Gottes Wort verkünden, sorgen Propheten zugleich dafür, dass sich das in diesem Wort angekündigte Geschehen auch ereignet. Daher kann man sie in einem Wortspiel als «Hervorsager» bezeichnen. [6] ❙

GOTTESBEGEGNUNG UND AUSEINANDERSETZUNG

immer wieder

> immer wieder
> rede ich zu euch
> immer wieder
> wollt ihr nicht hören
> immer wieder
> rief ich euch
> immer wieder
> wollt ihr nicht antworten

▌Jer 7,13f: *Weil ihr denn lauter solche Dinge treibt, spricht der* HERR, *und weil ich immer wieder zu euch redete und ihr nicht hören wolltet und ich euch rief und ihr nicht antworten wolltet, so will ich mit dem Hause, das nach meinem Namen genannt ist, auf das ihr euch verlasst, und mit der Stätte, die ich euch und euren Vätern gegeben habe, ebenso tun, wie ich mit Silo getan habe.* ▌ Das Buch Jeremia setzt sich intensiv mit dem Untergang von Königreich und Tempel auseinander. Dieses Ereignis von 586 v. Chr. wurde nicht nur als eine Katastrophe, sondern auch als eine tiefe Krise im Verhältnis zu Gott erfahren. [1] ▌ In der «Tempelrede» (Jer 7) geht Gott mit seinem Volk streng ins Gericht. Jeremia muss Worte weitersagen und ausrichten, die ein enttäuschter Gott den Menschen entgegenschleudert, weil sie trotz seinen zahllosen Versuchen nicht auf Zuwendung (und Beziehungsangebot, wie wir heute sagen würden) reagieren. ▌Während seines ganzen Lebens steht Jeremia in der Auseinandersetzung zwischen Gott und Mensch. Er zerbricht fast daran. ▌

glaubt ihr nicht so bleibt ihr nicht

glaubt ihr nicht so
  bleibt ihr nicht
hofft ihr nicht so
  bleibt ihr nicht so
    hofft ihr nicht
  liebt ihr nicht
betet ihr nicht so
  liebt ihr nicht so
    betet ihr nicht
  handelt ihr nicht
  handelt ihr nicht so
    taugt ihr nicht

▌ Jes 7,9: *Glaubt ihr nicht, so bleibt ihr nicht.* ▌ *Aber wenn ihr nicht standhaft bleibt, dann bleibt auch ihr nicht bestehen.* (BB) ▌ Glauben im AT: Das zur Bezeichnung des Glaubensvorgangs verwendete Verbum geht auf die Wurzel אמן «fest/sicher/zuverlässig sein» zurück. Der Vorgang des Glaubens erscheint in diesem Licht als ein Sichfestmachen, was soviel heisst wie: in Gott und seinem Wort einen zuverlässigen Halt und einen verlässlichen Grund finden. [6] ▌ Die GNB: *Wenn ihr nicht bei ihm bleibt, dann bleibt ihr überhaupt nicht!* Das hebräische Zeitwort hat die Doppelbedeutung «glauben/vertrauen» und «Bestand haben». Die Übersetzung sucht das Wortspiel nachzuahmen. ▌ Der gleiche Vers in der Übertragung von Eugene Peterson (The Message): *If you don't take your stand in faith, you won't have a leg to stand on.* ▌ Es braucht drei Dinge, damit wir bestehen können: Wirklichkeitssinn, um nicht völlig verunsichert zu werden; Trauerarbeit, wo man sonst verdrängt; und Hoffnung, wo sich Hoffnungslosigkeit sich breitmacht (Walter Brueggemann) [7] ▌

sucht gott

> sucht gott
> solange er
> zu finden
> wie lange ist
> solange?
> ruft ihn
> solange er
> nahe ist
> was heisst
> solange?
> wann ist er
> nicht mehr
> zu finden?
> wann nicht
> mehr nahe?

▎Jes 55,6–8: *Suchet den* HERRN, *solange er zu finden ist; ruft ihn an, solange er nahe ist. Der Gottlose lasse von seinem Wege und der Übeltäter von seinen Gedanken und bekehre sich zum* HERRN, *so wird er sich seiner erbarmen, und zu unserm Gott, denn bei ihm ist viel Vergebung. Denn meine Gedanken sind nicht eure Gedanken, und eure Wege sind nicht meine Wege, spricht der Herr.* ▎Über das Suchen: Dass es ein Zeitfenster gibt, innerhalb dessen die Suche nach Gott erfolgreich sein wird (und danach nicht mehr), ist ein überraschender Gedanke, und unterstreicht die Dringlichkeit der Gottesbegegnung. ▎In Am 5,4 ist es Gott selber, der zum Suchen auffordert: *Suchet mich, so werdet ihr leben.* ▎Ähnlich dringlich Ps 27,8: «*Sucht mein Angesicht!*» *Dein Angesicht, Herr, will ich suchen.* ▎Jesus in der Bergpredigt: *Suchet zuerst nach dem Reiche des Herrn, so wird euch alles andere zuteil.* (Mt 6,33). ▎«Suchen, das heisst jene Erkenntnis, durch die wir die Grösse der Herrlichkeit Gottes tief innerlich schauen und betrachten dürfen ... Daraus erwächst eine Liebe, die Gott sehnsuchtsvoll sucht.» (Basilius von Caesarea) ▎

GOTTESBEGEGNUNG UND AUSEINANDERSETZUNG

so spricht gott lass dir etwas sagen

    so spricht gott
lass dir etwas sagen
    du klagst viel! warum sagst du:
    auf meinen schmerz
    packst du auch noch leid
    ich bin erschöpft
    und finde keine ruhe
lass dir etwas sagen
    du verlangst für dich das grosse glück
    das kannst du nicht verlangen
    ich schenke dir das leben
    wohin du auch gehst
    du kommst mit dem leben davon
lass dir etwas sagen
    pass auf! sei froh dass du nicht
    wie ein pferd galoppieren musst
    (das kommt später)

▌ Jer 45,3–5: *Du sprichst: Weh mir, wie hat mir der* HERR *Jammer zu meinem Schmerz hinzugefügt! Ich bin müde vom Seufzen und finde keine Ruhe. Sage ihm: So spricht der* HERR: *Siehe, was ich gebaut habe, das reiße ich ein, und was ich gepflanzt habe, das reiße ich aus. Das gilt der ganzen Erde. Und du begehrst für dich große Dinge? Begehre es nicht! Denn siehe, ich will Unheil kommen lassen über alles Fleisch, spricht der* HERR, *aber dein Leben sollst du wie eine Beute davonbringen, an welchen Ort du auch ziehst.* ▌ Jeremia kämpft immer wieder mit seiner Berufung. Der Erfolg seines Wirkens ist frustrierend; Widerstand schlägt ihm von allen Seiten entgegen. Seinen eigenen inneren Widerstand (gegen Gott, Ruf, undankbare Prophetenrolle) vermag er aber immer wieder Gott gegenüber zu äussern. Seine Authentizität macht ihn sympathisch. Gott gewährt ihm in Abständen immer wieder den harten Trost seiner Gegenwart und Hilfe, sowie der Zusage, dass er bewahrt bleibt. ▌ In einer anderen Auseinandersetzung sagt Gott zu Jeremia: *Wenn es dich müde macht, mit Fußgängern zu gehen, wie willst du mit Rossen wetteifern?* (Jer 12,5) ▌

GOTTESBEGEGNUNG UND AUSEINANDERSETZUNG

Opferung
Tusche auf Papier, 2023
15,5 × 12,5 cm

es flammt
Tusche auf Papier, 2022
13 × 15 cm

du glaubst an mich

du glaubst an mich
dass ich an dich glauben kann

du vertraust mir
dass ich dir vertrauen kann

du bist mir treu
zu mir so gross ist

und weil du glaubst
glaube ich an dich

und weil du darauf vertraust
vertraue ich auf dich

und weil deine treue
kann ich dir treu sein

▌ Jes 43,10f: *Ihr seid meine Zeugen, spricht der Herr, und mein Knecht, den ich erwählt habe, damit ihr wisst und mir glaubt und erkennt, dass ich's bin. Vor mir ist kein Gott gemacht, so wird auch nach mir keiner sein. Ich, ich bin der Herr, und außer mir ist kein Heiland.* ▌ Gott ist es, der die Initiative ergreift. Er macht sich auf, um dem Menschen zu begegnen. Gott begegnet Menschen und ruft sie in seinen Dienst. Die Propheten werden von Gott gerufen, damit sie ausrichten, was er den Menschen zu sagen hat. Gott glaubt an die Menschen. Gott glaubt an die Propheten, sonst würde er sich nicht in seinen Dienst rufen. ▌ *Pisteuo* (πιστεύω), das griechische Wort (in der LXX) bedeutet *glauben* in verschiedenen Schattierungen: vertrauen, zutrauen, treu sein, (sich) anvertrauen. ▌ Glaubt Gott an uns, so werden wir fähig, unsererseits an Gott zu glauben. ▌ Im NT gibt es eine einzige Definition von Glauben: *Glaube aber, das ist die Wirklichkeitsgrundlage für das, worauf man hofft, der Nachweis von Dingen, die man nicht sehen kann.* (Hebr 11, 1 in der Übersetzung von Ulrich Wilckens) ▌

GOTTESBEGEGNUNG UND AUSEINANDERSETZUNG

wo du doch

wo du doch
mir begegnen willst
so ein ruf –
die reine zumutung

wo bleibt freude
alles ist anstrengung
und sonder fluch
das prophetische amt

ich will dich
in meinem dienst
frage nicht zu viel
ich bewahre dich

hältst du dich
an mich – dann
halte ich mich
an dich – kind

▌Jer 15,16–19: *Dein Wort ward meine Speise, sooft ich's empfing, und dein Wort ist meines Herzens Freude und Trost; denn ich bin ja nach deinem Namen genannt, HERR, Gott Zebaoth. Ich saß nicht im Kreis der Fröhlichen und freute mich, sondern saß einsam, gebeugt von deiner Hand; denn du hast mich erfüllt mit Grimm. Warum währt doch mein Leiden so lange und ist meine Wunde so schlimm, dass sie nicht heilen will? Du bist mir geworden wie ein trügerischer Born, der nicht verlässlich Wasser gibt. Darum, so spricht der HERR: Wenn du dich zu mir hältst, so will ich mich zu dir halten, und du sollst mein Prediger bleiben. Und wenn du recht redest und nicht leichtfertig, so sollst du mein Mund sein. Sie sollen sich zu dir kehren, doch du kehre dich nicht zu ihnen!* ▌ «Mit seinem Leben und mit seinem Prophetenberuf, mit seinem Glauben und seinem Gottesbild geriet er (Jeremia) in eine Zerreissprobe. Es gab Zeiten, da Jeremia diese Spannung nicht aushielt, wo es ihm unmöglich schien, Gott noch weiterhin treu zu bleiben. Er hat diese Stunden nicht verschwiegen, in denen er an seinem Beruf irre wurde und an seinem Leben verzweifelte.» [2] ▌

GOTTESBEGEGNUNG UND AUSEINANDERSETZUNG

unmut. habe es satt

> unmut. habe es satt
> unfähig dazustehen. will
> nicht mehr abhängig sein von
> gott. er verspricht ständig. so viele
> versprechen. und dann ist doch alles
> wieder anders. ich bin es wirklich müde
> zu hören. verdruss. ständige veränderung
> immer wieder kurswechsel. ärger gehts nicht
> habe es satt von der gnade abzuhängen
> warum kann ich nicht im schatten
> bleiben. unter der staude. warum
> ist der wurm da. warum der
> heisse wind. warum über--
> schwemmt mich zorn.
> wut entbrennt. sie
> knistert weiter
> die gnade
> verun--
> sichert
> mich

▌Jona 4,1–4: *Das aber verdross Jona sehr, und er ward zornig und betete zum* HERRN *und sprach: Ach,* HERR, *das ist's ja, was ich dachte, als ich noch in meinem Lande war. Deshalb wollte ich ja nach Tarsis fliehen; denn ich wusste, dass du gnädig, barmherzig, langmütig und von großer Güte bist und lässt dich des Übels gereuen. So nimm nun,* HERR, *meine Seele von mir; denn ich möchte lieber tot sein als leben. Aber der* HERR *sprach: Meinst du, dass du mit Recht zürnst?* ▌ «Das Buch Jona ist bei aller Dramatik eine heitere, mit hintergründigem Humor geschriebene theologische Lehrerzählung, bei der jeder Bezug zur Geschichte Israels und seines politischen und religiös-kulturellen Umfelds fehlt. Auch Ninive, das z. Zt. der Erzählung schon lange untergegangen war, wird nicht als die Hauptstadt des assyrischen Weltreichs beschrieben, sondern als eine Riesenmetropole irgendwo im Osten.» [2] «Da die Jonaerzählung weder biografisch noch historisch ist, haben wir es hier mit einer weiteren literarischen Prophetie zu tun. Der Verfasser ist ein ausgezeichneter Schriftsteller, Dramaturg und ein schriftgelehrter Theologe.» [2] ▌ «Nach Jona konnte man nie sicher sein, ob Gott nicht doch wieder barmherzig sein würde.» (Robert Frost) [8] ▌

PROPHETEN BETEN

hängend
Schablone und Öl auf Papier, 2022
13 × 13,5 cm

PROPHETEN BETEN

eiche mich so bin ich geeicht

eiche mich so bin ich geeicht
erwarte mich so bin ich erwartet
wolle mich dann bin ich gewollt

nähre mich dann bin ich genährt
versöhne mich dann bin ich versöhnt
schütze mich dann bin ich geschützt

befreie mich dann bin ich befreit
heile mich dann bin ich geheilt
betreue mich dann bin ich betreut

▌Jer 17,14–17: *Heile du mich, Herr, so werde ich heil; hilf du mir, so ist mir geholfen; denn du bist mein Ruhm. Siehe, sie sprechen zu mir: «Wo ist denn des Herrn Wort? Soll es doch kommen!» Aber ich habe dich nie gedrängt, Unheil kommen zu lassen; auch hab ich den bösen Tag nicht herbeigewünscht, das weißt du. Was ich gepredigt habe, das liegt offen vor dir. Sei du mir nur nicht schrecklich, meine Zuversicht in der Not!* ▌ Wie war wohl Jeremia wirklich? Was ging in ihm vor, wenn er allein war? Wenn er mit niemandem diskutieren musste? Wenn er sich nicht exponieren musste? Die Antwort ist einfach und klar: er betete. Viele Gebete sind in den «Konfessionen» (Bekenntnissen) von Jeremia zu finden: Jer 8,18–9,3; 11,18–23; 12,1–6; 15,10–12.15–21;17,14–18; 18,18–23; 20,7–18.
▌ *Hilf mir*: ist ein Grundgebet. Die Psalmen sind voll von diesen zwei Worten. Die Grundanliegen, die ein betender Mensch vor Gott bringt, sind die Fragen nach der Identität, nach der Zukunft, nach Sinn, nach Nahrung, nach Frieden, nach Freiheit; sie sind in einem anderen Grundgebet, dem Unservater nämlich, enthalten. ▌

ach gott

ach gott	sei gnädig
so klein	so schwach
so wenig	sind wir
also gut	sagte gott
so soll es	nicht mehr sein

▌Am 7,2f: *Als sie das Kraut im Lande abgefressen hatten, da sprach ich: Ach, Herr* HERR, *sei gnädig! Wie soll Jakob bestehen? Er ist ja so klein. Da reute es den* HERRN. *Der* HERR *sprach: Es soll nicht geschehen!* ▌ Man sollte sich Amos nicht als distanzierten Menschen vorstellen, der die strengen Gerichtsworte ohne innere Regung übermittelt, im Gegenteil: er leidet mit dem Volk, hofft auf dessen Verhaltensänderung und bittet bei Gott um Einsehen. ▌ «Amos lebt als Mensch in einem für ihn übersehbaren Bezirk: er hat ein Stück Land, eine Familie, eine Arbeit. Das alles bedeutet ihm seine Welt. Und nun muss er die Armut kennenlernen. ... Er muss heimatlos werden, von seiner Herde weggerufen, vertrieben werden und fortan in der Schwebe leben: in Erwartung des Kommenden, in Erinnerung an das Geschehene, bis zum Tag, da die Stimme des Herrn sich vernehmen lässt.» (Adrienne von Speyr) [9] ▌ «Er wird nicht flau, er wird nicht müde; auch dort, wo es schwer ist, bleibt er lebendig vor dem Angesicht seines Gottes.» [9] ▌

beten bringt nichts

> beten bringt nichts
> wenn du dich mit deinen persönlichen altären
> abmühst
> wenn du den gott des heils
> vergisst
> wenn du einen strebergarten
> anlegst
> wenn du die selbsterzeugten schmerzen
> sedierst
> bringt beten nichts

▌Jes 16,12–14: *Alsdann, wenn Moab hingeht und sich abmüht bei den Altären auf der Höhe und kommt zu seinem Heiligtum, um zu beten, so wird's doch nichts ausrichten. Das ist's, was der Herr damals gegen Moab geredet hat. Nun aber redet der* Herr *und spricht: In drei Jahren, wie eines Tagelöhners Jahre sind, wird die Herrlichkeit Moabs gering werden mit all dem großen Gepränge, dass wenig übrig bleibt, gar nicht viel.* ▌ Die Gerichtsprophetien richten sich nicht nur gegen die politischen Missstände, sondern genauso gegen religiöse Praxis, wenn sie sich nur um sich selber dreht, um Selbstoptimierung, wie wir heute sagen würden. Wenn Gebet zu einem bemühten Sprechakt wird, dann wird es *nichts ausrichten*. ▌ «Denn wer Gott in einer bestimmten Weise sucht, der nimmt die Weise und verfehlt Gott. Wer aber Gott ohne Weise sucht, der erfasst ihn, wie er in sich selbst ist; und ein solcher Mensch lebt mit dem Sohne, und er ist das Leben selbst. Wer das Leben fragte tausend Jahre lang: ‹Warum lebst du?› – könnte es antworten, es spräche nichts anderes als: ‹Ich lebe darum, dass ich lebe›.» (Meister Eckhart) ▌

gebet und beschwerde

gebet und beschwerde

herr du hast mich überredet ich habe mich überreden lassen
du bist mir zu stark gewesen und hast gewonnen
ich habe verloren
gott das will ich nicht mehr weitermachen
ich mache mich nur noch lächerlich
ich will nicht mehr
an dich denken
          doch das halte ich auch nicht aus
          gott du bist wie ein schwelbrand

▌Jer 20,7–9: HERR, *du hast mich überredet und ich habe mich überreden lassen. Du bist mir zu stark gewesen und hast gewonnen; aber ich bin darüber zum Spott geworden täglich, und jedermann verlacht mich. Denn sooft ich rede, muss ich schreien; «Frevel und Gewalt!» muss ich rufen. Denn des* HERRN *Wort ist mir zu Hohn und Spott geworden täglich. Da dachte ich: Ich will seiner nicht mehr gedenken und nicht mehr in seinem Namen predigen. Aber es ward in meinem Herzen wie ein brennendes Feuer, verschlossen in meinen Gebeinen. Ich mühte mich, es zu ertragen, aber konnte es nicht.* ▌ Gott zu Jeremia: «Ich habe dich gerufen, dein Bestes zu geben, für Gerechtigkeit zu kämpfen und nicht aufzugeben. Ich weiß, es ist einfacher, neurotisch zu sein. Es ist einfacher, parasitär zu sein. Es ist einfacher, in den Armen des Durchschnitts zu leben. Einfacher, aber nicht besser. Einfacher, aber nicht bedeutender. Einfacher, aber nicht erfüllender. Ich habe dich zu einem Leben berufen, das weit über das hinausgeht, was du dir selbst zutraust, und ich habe dir die Kraft versprochen, deine Bestimmung zu erfüllen.» (Eugene Peterson: Run with the Horses) ▌

je und je

je und je habe ich dich
geliebt habe ich dich
erhofft habe ich dir
geglaubt habe ich dich
ernährt habe ich dir
vergeben habe ich dich
erlöst alles das habe ich

▍Jer 31,2–4: *So spricht der HERR: Das Volk, das dem Schwert entronnen ist, hat Gnade gefunden in der Wüste; Israel zieht hin zu seiner Ruhe. Der HERR ist mir erschienen von ferne: Ich habe dich je und je geliebt, darum habe ich dich zu mir gezogen aus lauter Güte. Ich will dich wiederum bauen, dass du gebaut sein sollst, du Jungfrau Israel; du sollst dich wieder schmücken und mit Pauken ausziehen im fröhlichen Tanz.* ▍Gott umwirbt sein Volk und spricht zu ihm in der Innigkeit eines Dialoges zweier Liebenden. Jeremia richtet Gottes Bundeszusage an die Menschen aus. ▍Die zwei Kapitel Jer 30 und 31 in Form eines Gedichtes sind von grosser Schönheit und Trost. ▍«Allen landläufigen Meinungen zum Trotz sind es gerade die biblisch motivierten Apokalyptiker, die der Zeit trauen – ganz einfach, weil sie hoffend wissen und wissend hoffen, dass sie ein Ende hat und dass dieses Ende einen Namen hat, so dass sie, die Zeit, nicht in leerer, überraschungsfreier, endloser Endlichkeit zerfällt und wir in ihr.» (Johann Baptist Metz: Gottespassion) ▍

unten am fluss

> unten am fluss
> ging der himmel
> auf · ich sah
> flügel · hörte feuer
> trat ans wasser
> löschte durst · schon
> wieder flügel zuviele
> für ein wesen ·
> blitze zuckten da-
> zwischen den wesen
> · das nähte ich
> in den innensaum
> meiner eigenen haut

▮ Ez 1,3–5: *Da geschah das Wort des* HERRN *zu Hesekiel, dem Sohn des Busi, dem Priester, im Lande der Chaldäer am Fluss Kebar. Dort kam die Hand des* HERRN *über ihn. Und ich sah, und siehe, es kam ein ungestümer Wind von Norden her, eine mächtige Wolke und loderndes Feuer, und Glanz war rings um sie her, und mitten im Feuer war es wie blinkendes Kupfer. Und mitten darin war etwas wie vier Wesen.* ▮ Das sog. *Mémorial* (Erinnerungsblatt) von Blaise Pascal (†1662) ist ein Text auf einem schmalen Pergamentstreifen, den Pascal in das Futter seines Rockes eingenäht hatte und der nach seinem Tod von einem Diener zufällig entdeckt wurde. Pascal trug diesen Zettel immer bei sich; diese mystische Erfahrung musste ihm sehr viel bedeutet haben. Ein Ausschnitt: «Jahr der Gnade 1654/Montag, den 23. November/… Seit ungefähr abends zehneinhalb bis ungefähr eine halbe Stunde nach Mitternacht/Feuer/Gott Abrahams, Gott Isaaks, Gott Jakobs, nicht der Philosophen und Gelehrten./Gewissheit, Gewissheit, Empfinden: Freude, Friede. Der Gott Jesu Christi./Deum meum et Deum vestrum. Dein Gott ist mein Gott.» ▮

ich hörte

   ich hörte
      wen soll ich
         wer will
            unser
               bote
                  ich aber
                     sagte
                        ich will
                           hier bin
                              sende
                                 mich
                                    und er:
                                       geh hin
                                          sprich

▌Jes 6,8: *Und ich hörte die Stimme des Herrn, wie er sprach: Wen soll ich senden? Wer will unser Bote sein? Ich aber sprach: Hier bin ich, sende mich! Und er sprach: Geh hin und sprich zu diesem Volk …* ▌Jesaja wird von Gott in den Dienst berufen, nachdem er im Tempel jene grossartige Vision von Gottes Herrlichkeit erlebt hat. *Ich sah den Herrn sitzen auf einem hohen und erhabenen Thron und sein Saum füllte den Tempel. Serafim standen über ihm; ein jeder hatte sechs Flügel: Mit zweien deckten sie ihr Antlitz, mit zweien deckten sie ihre Füße und mit zweien flogen sie. Und einer rief zum andern und sprach: Heilig, heilig, heilig ist der Herr Zebaoth, alle Lande sind seiner Ehre voll!* (Jes 6,1–3) ▌Die Wesen, die Jesaja gesehen hat, gleichen denen der Vision von Ezechiel (Ez 1,3–5). S.a. in der Apokalypse: *Und das erste Wesen war gleich einem Löwen, und das zweite Wesen war gleich einem Stier, und das dritte Wesen hatte ein Antlitz wie ein Mensch, und das vierte Wesen war gleich einem fliegenden Adler … und sie sprachen: Heilig, heilig, heilig ist Gott der Herr, der Allmächtige, der da war und der da ist und der da kommt.* (Apk 4,6–8) ▌

wenn man vergisst wie beten

wenn man vergisst wie beten
nicht mehr weiss was sagen
wohin blicken in welche richtung
ob nach oben oder unten
ob stehend oder kniend
wie oft und ob oft
innen oder aussen
und wann am tag
dann gehe man
   hinein
    nach oben
     ans offene fenster
      dreimal täglich
     kniend
    lobend
   dankend
einfach betend

▌ Dan 6,11: *Als nun Daniel erfuhr, dass ein solches Gebot ergangen war, ging er hinein in sein Haus. Er hatte aber an seinem Obergemach offene Fenster nach Jerusalem, und er fiel dreimal am Tag auf seine Knie, betete, lobte und dankte seinem Gott, wie er es auch vorher zu tun pflegte.* ▌ Der Vers bietet einen Grundkurs für jede Gebetspraxis: Richtung, Körperhaltung, Routine, Gebetsform (Loben und Danken) und Häufigkeit werden angesprochen. Die Didache («Lehre der Apostel»), eine frühchristliche Schrift aus dem 1. Jh., zitiert das Unservater, ganz ähnlich im Wortlaut wie Mt und Lk, aber mit einer Doxologie versehen, und vor allem mit der Empfehlung, es dreimal täglich zu beten. ▌ Dan ist die jüngste Schrift, die in die hebr. Bibel aufgenommen wurde. Dan gehört zur apokalypt. Literatur (= Schriften über die Ereignisse am Ende der Zeit und die umfassende Erneuerung der Welt durch Gott). [1] ▌ «Einmal reisst es uns alle hinauf, aus Zerfall in ewige Jugend, aus Sterben ins Leben, aus Schwäche in siegende Kraft, aus Armut in Glorie, aus engen Zeiten in ewige Weiten.» (Kyrill von Alexandrien) ▌

das gebet sprach zu mir

das gebet sprach zu mir

das gebet weckte mich
   und sprach zu mir
komm es ist alles bereit
   zu trinken steht parat
setz dich ruhig hin
   ohren habe ich dir ebenfalls hingelegt
ich lege dir wärmende stille um die schulter
   ziehe mich dann zurück
damit du den ewigen triffst
   und vergiss nicht zum schluss amen zu sagen

▎Jes 50,4–7: *Gott der Herr hat mir eine Zunge gegeben, wie sie Jünger haben, dass ich wisse, mit den Müden zu rechter Zeit zu reden. Er weckt mich alle Morgen; er weckt mir das Ohr, dass ich höre, wie Jünger hören. Gott der* HERR *hat mir das Ohr geöffnet. Und ich bin nicht ungehorsam und weiche nicht zurück. Aber Gott der* HERR *hilft mir, darum werde ich nicht zuschanden. Darum hab ich mein Angesicht hart gemacht wie einen Kieselstein; denn ich weiß, dass ich nicht zuschanden werde.* ▎Hier spricht der «Gottesknecht», eine Figur in Deuterojesaja, die keinen Namen trägt, sondern nur als ‹Knecht JHWHs› bezeichnet wird. Es gibt vier Gottesknechtslieder (Jes 42,1–4; 49,1–6; 50,4–9; 52,13–53,12). ▎«Der Gottesknecht trägt königliche und zugleich prophetische Züge. Als der von JHWH erwählte und eingesetzte König, aber auch als JHWHs Prophet hat er eine Aufgabe an den Völkern. Er soll ihnen ‹das Recht›, d. h. eine stabile Weltordnung, etablieren und sie darin unterweisen.» [10] ▎«Sein dauerndes Einverständnis liegt nur darin, dass er sich Gott als Sprachrohr und Werkzeug zur Verfügung hält, sich brauchen lässt …» (A. v. Speyr) [9] ▎

PROPHETEN BETEN

vor dir sein

    vor dir sein:
ein guter ort
da befinde und finde ich mich
da werde und da bin ich
da entstehe und stehe ich

    nicht vor dir sein:
kein guter ort
da befinde und finde ich mich nicht
da werde ich nicht und da bin ich nicht
da entstehe ich nicht und stehe nicht

❙ Jona 2,1–5.7.8: *Aber der Herr ließ einen großen Fisch kommen, Jona zu verschlingen. Und Jona war im Leibe des Fisches drei Tage und drei Nächte. Und Jona betete zu dem Herrn, seinem Gott, im Leibe des Fisches und sprach: Ich rief zu dem Herrn in meiner Angst, und er antwortete mir. Ich schrie aus dem Rachen des Todes, und du hörtest meine Stimme. Du warfst mich in die Tiefe, mitten ins Meer, dass die Fluten mich umgaben. Alle deine Wogen und Wellen gingen über mich, dass ich dachte, ich wäre von deinen Augen verstoßen … Ich sank hinunter zu der Berge Gründen, der Erde Riegel schlossen sich hinter mir ewiglich. Aber du hast mein Leben aus dem Verderben geführt, Herr, mein Gott! Als meine Seele in mir verzagte, gedachte ich an den Herrn, und mein Gebet kam zu dir in deinen heiligen Tempel.* ❙ Jona betet hier einen (selber gedichteten?) Psalm. ❙ «O du Sohn Gottes, wirk ein Wunder für mich und wandle mein Herz! Um mich zu erlösen, hast du Fleisch angenommen, das war schwieriger als die Umwandlung meiner Bosheit.» (Irisches Gebet) ❙ «Die Wirklichkeit ist die Unwahrscheinlichkeit, die eingetreten ist.» (Friedrich Dürrenmatt) ❙

du bist

du sagst zu mir	du bist mein knecht
ich sage zu dir	du bist mein herr
du sagst zu mir	du bist mein kind
ich sage zu dir	du bist mein vater
du sagst zu mir	du bist mein jünger
ich sage zu dir	du bist mein meister
du sagst zu mir	ich ernähre dich
ich sage zu dir	du bist mein ernährer
du sagst zu mir	ich vergebe dir
ich sage zu dir	darum kann ich allen vergeben
du sagst zu mir	ich erlöse dich
ich sage zu dir	du bist mein erlöser

▍Jes 42,1–3.6.7: *Siehe, das ist mein Knecht, den ich halte, und mein Auserwählter, an dem meine Seele Wohlgefallen hat. Ich habe ihm meinen Geist gegeben; er wird das Recht unter die Heiden bringen. Er wird nicht schreien noch rufen, und seine Stimme wird man nicht hören auf den Gassen. Das geknickte Rohr wird er nicht zerbrechen, und den glimmenden Docht wird er nicht auslöschen. In Treue trägt er das Recht hinaus. Ich, der Herr, habe dich gerufen in Gerechtigkeit und halte dich bei der Hand. Ich habe dich geschaffen und bestimmt zum Bund für das Volk, zum Licht der Heiden, dass du die Augen der Blinden öffnen sollst und die Gefangenen aus dem Gefängnis führen und, die da sitzen in der Finsternis, aus dem Kerker.* ▍Ein Knecht zu sein ist höchste Auszeichnung Gottes. Die Gottesdienstlieder in Deuterojesaja suggerieren, dass man nicht schon Knecht auf Anhieb ist, sondern dass man es lernen muss. Eine Bestätigung ist darin zu sehen, dass Gott sagt: *Gedenke daran, Jakob, und du, Israel, denn du bist mein Knecht. Ich habe dich bereitet* (vorbereitet, zubereitet), *dass du mein Knecht seist.* (Jes 44,21) ▍

ZEITDIAGNOSEN

Glühender Komet
Schablone und Öl auf Papier, 2022
11 × 14 cm

ihr paschas und divas

        ihr paschas
warum zertretet ihr
das volk
        ihr neureichen
warum zerschlagt ihr das gesicht
der elenden
        ihr divas
warum all die riechfläschen
der gestank wird immer schlimmer
        ihr primadonnas
was trippelt ihr daher
mit euren dicken hälsen
        ihr kulturbeflissenen – appell
an die oberschicht: denkt doch mal
an die unterschicht – handelt endlich
    – das wär doch was neues

▌Jes 3,15.16.24: *Warum zertretet ihr mein Volk und zerschlagt das Angesicht der Elenden?, spricht Gott, der Herr Zebaoth. Und der Herr sprach: Weil die Töchter Zions stolz sind und gehen mit aufgerecktem Halse, mit lüsternen Augen, trippeln daher und tänzeln und klimpern mit den Spangen an ihren Füßen. Und es wird Gestank statt Wohlgeruch sein und ein Strick statt eines Gürtels und eine Glatze statt lockigen Haars und statt des Prachtgewandes ein Sack, Brandmal statt Schönheit.* ▌ Ein Grossteil der Prophetentexte sind Gerichtsworte, d. h. Kritik an den ungerechten Zuständen, seien das religiöse, wirtschaftliche oder politische. Das ist auch bei Jesaja so, der doch als «schönster» Prophet gilt. Am schärfsten sprechen die Propheten, wenn es um die Reichen geht, die die Armen unterdrücken. ▌ «Wie alle Propheten war er (Jesaja) politisch aktiv und kritisierte mit schonungsloser Offenheit die Jerusalemer Oberschicht. ... Seine harsche Kritik war ein leidenschaftliches Plädoyer für Recht und Gerechtigkeit in seiner sozial und innenpolitisch auseinander driftenden Gesellschaft.» [2] ▌

ZEITDIAGNOSEN

der alltag ist zerbrochen

    der alltag ist zerbrochen
    und auf eine scherbe schreibe ich
    ihr sollt nicht alles verschwörung nennen
    was dieses volk verschwörung nennt
    ihr sollt nicht alles grauenhaft nennen
    was dieses volk grauenhaft findet
    ihr sollt nicht alles risiko nennen
    was dieses volk als risiko bezeichnet

▌Jes 8,10–13: *Beschließt einen Plan – es wird nichts draus werden; beredet euch – es wird nicht zustande kommen! Denn hier ist Immanuel. Denn so sprach der* HERR *zu mir, als seine Hand über mich kam und er mich davon abhielt, den Weg dieses Volks zu wandeln: Ihr sollt nicht alles Verschwörung nennen, was dies Volk Verschwörung nennt, und vor dem, was sie fürchten, fürchtet euch nicht und lasst euch nicht grauen, sondern heiligt ihn, den* HERRN *Zebaoth; den lasst eure Furcht und euren Schrecken sein.* ▌ Verschwörungstheorien sind nichts neues. Sie entstehen jeweils in einer Zeit der Angst und Verunsicherung. Deren Urheber sind oft «falsche Propheten», ein weiteres häufiges Thema der Prophetenbücher (und überhaupt der Bibel). ▌ Die Gerichtsworte der Propheten sind nicht dazu da, Menschen mit einem Urteil zu lähmen sondern im Gegenteil, sie zur Verhaltensänderung zu bewegen. ▌ Propheten haben laut Brueggemann zwei Aufgaben: «to critizise and to energise», zu kritisieren und Energie zu vermitteln, um der Angst und Resignation zu entkommen. (Walter Brueggemann) [11] ▌

sie liegen im ofen

>sie liegen im ofen
>erhitzt und aufgedunsen
>im ärger gekocht
>einseitig verkohlt
>nicht gewendet
>>niemand will sich
>>die finger verbrennen

▮ Hos 7,6–9: *Ja, sie traten heran, heiß wie ein Backofen, ihr Herz voll Arglist. Ihr Grimm schläft die ganze Nacht, aber am Morgen brennt er lichterloh. Allesamt sind sie erhitzt wie ein Backofen. Sie fressen ihre Richter. Alle ihre Könige sind gefallen. Unter ihnen ist keiner, der zu mir ruft. Ephraim wird unter die Völker vermengt. Ephraim ist wie ein Brotfladen, den niemand umwendet. Fremde fressen seine Kraft, doch er selber merkt es nicht.* ▮ «Das Buch Hosea übt radikale Kritik an den beiden zentralen Institutionen des öffentlichen Lebens, der Politik und dem religiösen Kult. Er macht dafür vor allem das Königtum und die herrschende Beamtenschaft sowie die Priesterschaft verantwortlich.» [2] ▮ Hosea entwirft im Rückgriff auf die Anfänge Israels (Jakob, Exodus, Wüstenwanderung und Landnahme) den theologischen Horizont für die im Zwölfprophetenbuch folgende Unheils- und Heilsankündigung. [2] ▮ «Seine Worte wirken grell und schroff. Zugleich leuchten sie neu in verborgene Bereiche Gottes hinein. Sie suchen Gottes Gedanken und Willen wieder zu geben.» [3] ▮

ZEITDIAGNOSEN

du hättest nicht schadenfroh ...

> du hättest nicht schadenfroh ///
> du hättest nicht spotten ///
> du hättest nicht grosse röhre ///
> du hättest nicht maulaffen ///
> du hättest nicht fallenstellen ///
> du hättest nicht abpassen ///
> weil du das alles ///
> leider auf dich zurückfallen /

▌ Obd 12–15: *Du hättest nicht herabsehen sollen auf deinen Bruder zur Zeit seines Elends und dich nicht freuen über die Söhne Juda zur Zeit ihres Untergangs und mit deinem Mund nicht so stolz reden zur Zeit der Not. Du hättest nicht stehen sollen an den Fluchtwegen, um seine Entronnenen zu morden, seine Übriggebliebenen nicht ausliefern sollen zur Zeit der Not. Denn der Tag des* HERRN *ist nahe über alle Völker. Wie du getan hast, soll dir geschehen, deine Tat fällt auf deinen Kopf zurück.* ▌ «Gericht» bedeutet, dass ein Mensch die Konsequenzen seines Handelns tragen muss. Sein Handeln fällt auf ihn zurück. Oder besser: Gott respektiert das Handeln des Menschen (und damit seine Freiheit) und lässt ihn die Konsequenzen tragen. ▌ Obd ist das kürzeste Buch des AT und umfasst nur 21 Verse. Die Überschrift ‹Vision des Obadja› weist auf einen Propheten hin. Doch über Person, Herkunft und Zeit ist nichts weiter bekannt. [1] ▌ Es gibt eine beschriftete Scherbe (ein «Ostrakon»), die sich auf das in Obd angekündigte Gericht gegen Edom (ein Nachbarvolk Israels) bezieht (siehe Abbildung in der Einleitung). [3] ▌

ZEITDIAGNOSEN

wie kann ein mensch sich götter

       wie kann ein mensch sich götter
       machen? wie kann er nur?
was bringt ihm das? diese leeren
augen? dieser tote mund? dieser
       überdimensionierte kopf? was
       bringt einen menschen dazu?
wie kann man nur so dumm sein
dumm wie ein plumper götze? wie
       wie kommt man dazu surrogate
       vorzuziehen? mein mensch
mein mensch? warum hast du
mich verlassen? bist fern meinem wort?

▌Jer 16,19–21: *HERR, du bist meine Stärke und Kraft und meine Zuflucht in der Not! Die Völker werden zu dir kommen von den Enden der Erde und sagen: Nur Lüge haben unsere Väter gehabt, nichtige Götter, die nicht helfen können. Wie kann ein Mensch sich Götter machen? Das sind doch keine Götter! Darum siehe, diesmal will ich sie lehren und meine Kraft und Gewalt ihnen kundtun, dass sie erfahren sollen: Ich heisse der HERR.* ▌ «Götze: abfällige Bezeichnung für eine fremde Gottheit oder ihr Standbild». [1] ▌ Weiteres zur Götzenkunde: Götzen sind selbstgemachte Götter. Ezechiel nennt sie Mistgötzen. Martin Buber spricht von Gottnichtsen. Martin Luther schreibt sarkastisch: «Die solche Götzen machen, sind auch so. Das ist sehr fein: Wer einen Götzen verehrt, wird selbst ein Götze. Wer aber Gott verehrt, wird ein Gott.» Verallgemeinert bedeutet das, und das macht Götzen in vielen biblischen Geschichten so gefährlich: Man wird zu dem, was man liebt. ▌ Cf. Ps 115, 7f: *Götzen bringen keinen Laut hervor aus ihrer Kehle. Die sie gemacht haben, sollen ihrem Machwerk gleichen, alle, die den Götzen vertrauen.* ▌

tag des zertretens

>tag des zertretens ! zeit des getümmels !
zerdroschenes volk ! verwirrtes jahr !
es kracht die mauer ! es schreien die berge !
gang durchs gestrüpp ! viel qual keine wahl !
dünnflüssige hoffnung ! spröder glaube !
verfallene liebe ! muss ich das sagen ?
hätt ich das gewusst ! wär nicht prophet geworden !

▎Jes 21,10: *Mein zerdroschenes und zertretenes Volk! Was ich gehört habe vom* Herrn *Zebaoth, dem Gott Israels, das verkündige ich euch.* ▎Jes 22,5: *Denn es kam ein Tag des Getümmels und des Zertretens und der Verwirrung vom Herrn, dem* Herrn *Zebaoth; im Schautal ließ man Lärm erschallen, schrie zum Berge hin.* ▎Gerichtsworte zu verkünden, ist für die Propheten oft eine Belastung. Nicht nur Jesaia spricht von der Last des Prophetenamtes, auch Amos und vor allem Jeremia. ▎«Fast alle Propheten berufen sich auf eine direkte Beauftragung durch JHWH. Darin liegt ihre unabhängige Autorität. Nach biblischem Verständnis ist das Amt des Propheten als einziges von Gott eingesetzt. Es soll zwischen JHWH und seinem Volk vermitteln und seine Weisung zu allen Zeiten aktualisieren (Dtn 18,9–22). Diese Aufgabe ist eine Gratwanderung zwischen Gegenwart und Zukunft. Die Propheten öffnen den Menschen in ihrem Volk die Augen für das schreiende Unrecht in ihrem sozialen Umfeld bzw. für aussenpolitisch unverantwortliches Handeln der Machtelite.» [2] ▎

diktat der familiengeschichte

> diktat der familiengeschichte
>   wenn sich an ihn hängt die ganze
> schwere seines familienclans kinder
> gerät krüge
>   dann wird der nagel
> der am festen ort steckt nachgeben
> abbrechen fallen und alles was daran
> hing wird zerbrechen unzählige scherben
> werden herumliegen und vieler füsse
> sich blutig schneiden
>   achtung
> auch an dieser scherbe ist blut

▌Jes 22,23–25: *Und ich will ihn als Nagel einschlagen an einen festen Ort, und er soll einen Ehrenplatz haben in seines Vaters Haus. An ihn wird man hängen das ganze Gewicht seines Vaterhauses, Kind und Kindeskinder, alle kleinen Geräte, Trinkgefäße und allerlei Krüge. Zu der Zeit, spricht der* Herr *Zebaoth, soll der Nagel nachgeben, der am festen Ort steckt, er soll abbrechen und fallen, sodass alles, was daran hing, zerbricht; denn der* Herr *hat's gesagt.* ▌Christus hat «neben dem priesterlichen und königlichen auch das prophetische Amt in Vollendung inne». [3] ▌«Dass das prophetische Amt Christi nie im Sinne blosser Mitteilung, sondern als Ruf zur wirksamen Umkehr gemeint war, unterstreicht Jan Milič Lochman. Jesu prophetische Weisung erfolgt mit einem klaren Ziel: in den gnadenlosen Zuständen und Tendenzen unserer Welt seine Gnade nicht vergessen lassen.» [3] ▌«An der nackten Wand/ist nur ein einziger Nagel übrig/zu einem Bild, das verschwunden ist./Braucht es mehr, um zum Beten anzuregen,/wo doch drei Nägel den Heiland der Welt trugen?» (Hélder Câmara) ▌

ZEITDIAGNOSEN

leer + unbewegt
Schablone und Öl auf Papier, 2022
13 × 13,5 cm

Der grosse Schatten
Schablone und Öl auf Papier, 2022
13,5 × 14 cm

ZEITDIAGNOSEN

ochs und esel

> ochs und esel kennen die krippe
> die nicht-tiere (die menschen)
> kennen sie aber nicht – sie
> verstehens nicht – stehen
> da dümmer als ein esel
> dumpfer als ein ochs
> mich verstehen sie
> auch nicht kennen
> mich auch nicht
> warum nur – es
> ist zum ver-
> zweifeln
> spricht
> gott

▍Jes 1,2–6: *Höret, ihr Himmel, und Erde, nimm zu Ohren, denn der HERR redet: Ich habe Kinder großgezogen und hochgebracht, und sie sind von mir abgefallen! Ein Ochse kennt seinen Herrn und ein Esel die Krippe seines Herrn; aber Israel kennt's nicht, und mein Volk versteht's nicht. Wehe dem sündigen Volk, dem Volk mit Schuld beladen, dem boshaften Geschlecht, den verderbten Kindern, die den HERRN verlassen, den Heiligen Israels lästern, die abgefallen sind! Wohin soll man euch noch schlagen, die ihr doch weiter im Abfall verharrt? Das ganze Haupt ist krank, das ganze Herz ist matt. Von der Fußsohle bis zum Haupt ist nichts Gesundes an ihm, sondern Beulen und Striemen und frische Wunden, die nicht gereinigt noch verbunden sind.* ▍ Diese Gerichtsworte bilden nach der Überschrift *Schauung des Propheten* (1,1) Auftakt und Zusammenfassung der Botschaft Jesajas. Die Enttäuschung und Bitterkeit darüber, dass auf den Propheten nicht gehört wird, ist spürbar. Das Bild von Ochse und Esel, die einsichtiger sind als das Volk, «hat sich dann in der Wirkungsgeschichte, die sie an die Krippe Jesu geführt hat, verselbständigt». [3] ▍

so lasst nun ab

so lasst nun ab vom menschen
er ist nur warme luft
das menschenbild
ist nicht mit überhöhten
er- wartungen und ansprüchen
zu überlasten überfordert ihn
ni- cht wovon dann grosse
ent- täuschung käme der arme
für was ist er zu achten der mensch

.

▍Jes 2,22: *So lasst nun ab von dem Menschen, dessen Odem nur ein Hauch ist; denn für was ist er zu achten?* ▍ Dieser Vers ist wahrscheinlich die Randbemerkung eines Lesers und fasst den ganzen Abschnitt (v. v. 6–22) zusammen. ▍ Propheten «entlarven die gegenwärtig herrschende Wirklichkeit als kollektive Verblendung im Blick auf eine andere realisierbare Zukunft. Damit verändern sie die Wahrnehmung der aktuellen Wirklichkeit und schaffen so die Voraussetzung einer Vision, die neue Solidaritäten entstehen lässt.» [2] ▍ «Mit dieser Gesamtschau des Weltgeschehens und der Rolle Gottes in ihm steht das Buch Jesaja für das Ganze der prophetischen Überlieferung. Zusammenstellung, literarische Verknüpfungen und Angleichungen der Bücher untereinander sorgen dafür, dass die im Jesajabuch exponierte Totalperspektive die ganze Sammlung prägt.» [10] ▍ «Geschichte ist nicht nur die Konsequenz der Taten der Menschen, sondern auch ihrer Vergesslichkeit.» (Salman Rushdie, Victory City) ▍

überall lungern

überall lungern die zeitzeichendeuter
   und unwahrsager herum
      die wände des landes
         sind von götzen bekleckert
            mit ausgekernten augen starren sie dich an
         mit brennstoff übergossen
      ist das zimmer ein funke reicht
   und alles steht in flammen
geh in die felsen und verbirg dich

▮ Jes 2,6.8.10: *Ja, du hast dein Volk, das Haus Jakob, verstoßen; denn sie sind den Sitten des Ostens verfallen, und es gibt Zeichendeuter wie bei den Philistern, und Kinder von Fremden haben sie mehr als genug. Auch wurde ihr Land voll Götzen; sie beten an ihrer Hände Werk, das ihre Finger gemacht haben. Geh in die Felsen und verbirg dich in der Erde vor dem Schrecken des HERRN und vor seiner herrlichen Majestät!* ▮ Nachdem in Jes 2,1–5 die grossartige Zukunftsschau beschrieben wird (eine der ganz grossen Visionen und Verheissungen des AT: *Kommt und lasst uns hinaufziehen zum Berg des Herrn ... Schwerter zu Pflugscharen umschmieden ... man lernt nicht mehr für den Krieg ... wir wollen gehen im Licht des Herrn ...*) wendet sich der Blick von der Zukunft in die Gegenwart zurück. Typisch für Prophetentexte: auch hier wechseln sich hochpoetische Beschreibungen zukünftigen, ja planetarischen Glücks mit scharfen Zeitdiagnosen ab, die Gottesersatz und explosive Massenhysterie heftig kritisieren (Jes 1,31: *Und der Starke wird sein wie Werg und sein Tun wie ein Funke, und beides wird miteinander brennen und niemand löscht.*). ▮

diese leute die sich durch nichts

> diese leute die sich durch nichts
> aus der ruhe bringen lassen – jetzt
> gehe ich sie suchen in ihren kleinen stuben
> ich gehe mit der lampe durch ihre
> kleinen strassen – laut klopfe ich
> an ihre türen – bis sie aufschrecken
> wie unter schock tappen sie blind umher
> es wird sich weisen ob sie zur besinnung kommen
> das wäre die hoffnung – spricht gott der herr.

❙ Zef 1,12.14.17: *Zur selben Zeit will ich Jerusalem mit Lampen durchsuchen und heimsuchen die Leute, die träge auf ihren Hefen liegen und sprechen in ihrem Herzen: Der* HERR *wird weder Gutes noch Böses tun. Des* HERRN *großer Tag ist nahe, er ist nahe und eilt sehr. Horch, der Tag des* HERRN *ist bitter! Da schreit selbst der Starke. Und ich will die Menschen ängstigen, dass sie umhergehen sollen wie die Blinden, weil sie wider den* HERRN *gesündigt haben.* ❙ Von Zefania erfahren wir nur seinen Namen, den seines Vaters, Grossvaters und Urgrossvaters. Er stammt aus Jerusalem, und wirkt auch dort (von etwa 650–600). Hauptthema des Buches ist der «Tag des Herrn»; Zef besteht grossenteils aus prophetischen Gerichts-, aber auch aus Heilsworten. ❙ Zef 1,12 lässt an Diogenes, den ersten Kyniker (ca. 400 v. Chr.) denken: Eine Geschichte erzählt davon, dass Diogenes am helllichten Tag mit einer Laterne über den Athener Markt lief und wild den Menschen ins Gesicht leuchtete. Gefragt, was er denn treibe, antwortete der Philosoph, dass er einen Menschen suche, und zwar einen guten, wahren. ❙

KRANKE GESELLSCHAFT

umnebelt
Schablone und Öl auf Papier, 2023
13 × 15 cm

KRANKE GESELLSCHAFT

wind weiden

wind weiden
        ach hört doch auf damit
    ihr seid wie eine wolke
        am heissen morgen
    ihr zergeht wie rauch
        am fenster
ihr seid ein einziger hustenanfall

▌ Hos 12,2: *Ephraim weidet Wind, es läuft dem Ostwind nach. Täglich mehrt es Lüge und Gewalt. Sie schließen mit Assur einen Bund und bringen Öl nach Ägypten.* ▌ Hos 13,3: *Darum werden sie sein wie eine Wolke am Morgen und wie der Tau, der frühmorgens vergeht; ja, wie Spreu, die von der Tenne verweht wird, und wie Rauch aus der Luke.* ▌ Es ist eine prophetische Aufgabe, die zur Gewohnheit gewordene Heuchelei aufzudecken, die eine bittere Kränkung für Ephraims Gott bedeutet. Mit Ephraim ist der Rumpfstaat Israel gemeint. Er liegt schwer gestraft und getroffen und ist am Zerfallen. [3] ▌ Propheten sind Analytiker und Diagnostiker. Sie können zeigen, worin eine Krankheit liegt, und können auf eine eventuelle Behandlung hinweisen, doch Gott allein ist der Arzt (Ex 15,26); er kann Heil und Heilung bewirken. ▌ «Du bist der Hirt, der Schwache trägt,/trag mich in deinen Armen./Du bist der Arzt, der Kranke pflegt,/komm zu mir mit Erbarmen./Ich bin in Wahrheit schwach und krank,/komm reich mir deinen Liebestrank./Erquicke mich mit Segen.» (Joachim Neander) ▌

KRANKE GESELLSCHAFT

katastrophenmeldungen

       katastrophenmeldungen
       ausgerissene völker
       zerstörte pflanzplätze
       überkochende kessel
       giftige dämpfe
       vaterlose gesellschaft
            nimm wahr   was passiert
       erschrick nicht
            du wirst   zum festen pfeiler
       immun gegen die korrosion
       geimpft gegen die virenplage
            man wird dir nichts anhaben können

❙ Jer 1,10.11.13.17.19: *Siehe, ich setze dich heute über Völker und Königreiche, dass du ausreißen und einreißen, zerstören und verderben sollst und bauen und pflanzen. Und es geschah des* HERRN *Wort zu mir: Jeremia, was siehst du? Ich sprach: Ich sehe einen erwachenden Zweig. Und es geschah des* HERRN *Wort zum zweiten Mal zu mir: Was siehst du? Ich sprach: Ich sehe einen siedenden Kessel überkochen von Norden her. So gürte nun deine Lenden und mache dich auf und predige ihnen alles, was ich dir gebiete. Erschrick nicht vor ihnen, auf dass ich dich nicht erschrecke vor ihnen! Und wenn sie auch wider dich streiten, sie dir dennoch nichts anhaben können; denn ich bin bei dir, spricht der* HERR, *dass ich dich errette.* ❙ «Am Anfang des Buchs (Jer) steht ein Porträt des Propheten. Es geht wahrscheinlich auf eine Selbstdarstellung Jeremjas zurück, und zwar in Form eines Berichts von der Berufung zum Propheten». [3] ❙ Seit Beginn seines Wirkens – es umfasst sechs Tätigkeiten (cf. V 10) – hat sich Jeremia mit einer kranken Gesellschaft zu befassen. ❙ «Die vaterlose Gesellschaft»: Titel eines Buches von Alexander Mitscherlich. ❙

KRANKE GESELLSCHAFT

wenn sie weich

    wenn sie weich werden
    wenn geld wie abfall stinkt
    wenn nichts befriedigt
    wenn nichts nährt nichts erfüllt
    wenn angst die einzige triebkraft ist
    wenn scheussliche götzen herumstehen
    wenn eisenketten jede bewegung einschränken
dann ist das gericht
    grauenhaft

▎ Ez 7,17–20.25: *Alle Hände werden herabsinken und alle Knie werden weich. Und sie werden Säcke anlegen und mit Furcht überschüttet sein, und auf allen Gesichtern liegt Scham, und alle Köpfe werden kahl geschoren. Sie werden ihr Silber hinaus auf die Gassen werfen und ihr Gold wie Unrat achten; denn ihr Silber und Gold kann sie nicht erretten am Tage des Zorns des* HERRN. *Sie werden sich damit nicht sättigen und ihren Bauch damit nicht füllen; denn es wurde zum Anlass ihrer Missetat. Sie haben ihre edlen Kleinode zur Hoffart verwendet und Bilder ihrer gräulichen Götzen, ihrer Scheusale, daraus gemacht. Darum will ich's ihnen zum Unrat machen. Angst kommt; da werden sie Heil suchen, aber es wird nicht zu finden sein.* ▎ «*Das Herz des Menschen ist ein Abgrund von Unsicherheit und Unruhe.*» (Blaise Pascal) ▎ «*In der Begegnung mit dem Gott des Bundes wird das zur Koexistenz mit seinem Schöpfer und darum zur Freiheit bestimmte Geschöpf auf seinem Irrweg und auf seinem Gang in den Abgrund entdeckt und ins Licht gestellt.*» (Hans-Joachim Kraus) [3] ▎

KRANKE GESELLSCHAFT

nichts gesundes ist an euch

nichts gesundes ist an euch
                          nur mehr
beulen und striemen
                          der kopf ist krank
das herz ganz matt
                          das leben ist eine chronische
sexuell übertragene
                          in jedem fall tödlich
verlaufende krankheit

▌Jes 1,5f: *Wohin soll man euch noch schlagen, die ihr doch weiter im Abfall verharrt? Das ganze Haupt ist krank, das ganze Herz ist matt. Von der Fußsohle bis zum Haupt ist nichts Gesundes an ihm, sondern Beulen und Striemen und frische Wunden, die nicht gereinigt noch verbunden noch mit Öl gelindert sind.* ▌ «Das Leben ist eine tödliche Krankheit.» (William Golding). ▌ Jes 1 zwar ist illusions-, aber nicht hoffnungslos, was den Zustand der Menschen angeht. In der «Schauung» (1,1) sieht Jesaja, wie es um die Menschen bestellt ist: sie sind lebensbedrohlich krank. *Nichts Gesundes ist an Euch:* nach dieser besorgten Feststellung wird aber in den 66 folgenden Kapiteln klar, dass da ein zwar verzweifelter Gott nicht aufgibt, sich um seine Menschen zu kümmern, und ihnen Heil und Heilung in Aussicht stellt. ▌ «An diesem Passus wird bereits deutlich, dass atl. Prophetie mehr und anderes ist als einfach Weissagung für die Zukunft. Prophetie kann ebenso sehr auch Analyse und Deutung gegenwärtiger oder vergangener Ereignisse oder Verhältnisse sein.» [3] ▌

KRANKE GESELLSCHAFT

ich bin es satt

ich bin es satt das
geplärr habe es satt
das opfern auf dem
altar der selbst-
gefälligkeit bin es
satt eure ewigen
krankheitssymptome
anzuhören ja satt ich
mag nicht mehr eure
leistungen abnicken
ich mag es nicht eure
rückfallempathie zu
zelebrieren ich bin es
müde euch weiter zu
ertragen wirklich

▍Jes 1,11.13f: *Was soll mir die Menge eurer Opfer?, spricht der* HERR. *Ich bin satt der Brandopfer von Widdern und des Fettes von Mastkälbern und habe kein Gefallen am Blut der Stiere, der Lämmer und Böcke. Bringt nicht mehr dar so vergebliche Speisopfer! Das Räucherwerk ist mir ein Gräuel! Neumond und Sabbat, den Ruf zur Versammlung – Frevel und Festversammlung – ich mag es nicht! Meine Seele ist feind euren Neumonden und Jahresfesten; sie sind mir eine Last, ich bin's müde, sie zu tragen.* ▍Heil «kommt von *heilen* in der doppelten Bedeutung von *gesund machen* und *gesund werden*. Heilsein meint dabei mehr als physisches Gesundsein, nämlich ganz, vollständig und unversehrt sein ... Im NT ist es das Wort sōtêria, das neben Rettung mit Heil übersetzt wird. Betont die Übersetzung mit *Rettung* den Aspekt des Ereignisses, so die Übersetzung mit *Heil* den Aspekt dessen, was dem Ereignis vorausgeht und ihm folgt: Auf das, was heil, gesund und integer macht, können Menschen nur warten, weil es allem vorausgeht, was sie sich selber geben können.» [3] ▍

mangelland

mangelland
es gibt keine treue
keine liebe keine
erkenntnis im land
auch herrscht wassermangel
die leute welken weg
das volk ist dahin
und prophetie mangelware

▌ Hos 4,1.3.5.6: *Höret, ihr Israeliten, des* HERRN *Wort! Der* HERR *rechtet mit denen, die im Lande wohnen; denn es gibt keine Treue, keine Liebe und keine Erkenntnis Gottes im Lande. Darum wird die Erde dürre stehen, und alle ihre Bewohner werden dahinwelken ... Straucheln sollst du bei Tage, straucheln soll auch der Prophet mit dir des Nachts; auch deine Mutter richte ich zugrunde. Zugrunde geht mein Volk, weil es ohne Erkenntnis Gottes ist. Weil du die Erkenntnis verworfen hast, will ich dich auch verwerfen.* ▌ Spr 29,18: *Ohne Prophetie verwildert das Volk* (Einheitsübers.); *es wird wild und wüst* (LU), *es wird zügellos* (ZB), *es verliert jeden Halt* (Neues Leben). ▌ Wie die prophetische beginnt auch die christliche Überlieferung mit dem Bruch des Gottesverhältnisses. Dem Gericht Gottes, von dem die prophetische Überlieferung der hebräischen Bibel kündet, entspricht im NT die Rede vom Kreuz. Beide Male zerbricht der angestammte Glaube an die erhaltende und rettende Macht Gottes, und solange in diesem Geschehen Gott nicht wahrgenommen wird, herrscht Verzweiflung und Enttäuschung. [2] ▌

KRANKE GESELLSCHAFT

achtet darauf wie es euch geht

achtet darauf wie es euch geht
ihr leistet so viel und erreicht so wenig
ihr erwartet so viel und bleibt so leer
ihr trinkt so viel und bleibt so durstig
ihr rafft so viel und habt nie genug
ihr kauft so viel und bekommt nicht warm
       woran das wohl liegt?
       an der leistungsgesellschaft?
       an überhöhten erwartungen an das leben?
       an eurem suchtpotential?
       an der inflationären gier?
       am kokon des konsums?

▌Hag 1,5–7: *Nun, so spricht der* HERR *Zebaoth: Achtet doch darauf, wie es euch geht: Ihr sät viel und bringt wenig ein; ihr esst und werdet doch nicht satt; ihr trinkt und bleibt doch durstig; ihr kleidet euch, und keinem wird warm; und wer Geld verdient, der legt's in einen löchrigen Beutel. So spricht der* HERR *Zebaoth: Achtet doch darauf, wie es euch geht!* ▌ *Überlegt euch doch einmal, wie es euch geht* (BB): die Aufforderung klingt nach dem heutigen «Stimmt es für dich?» und wirkt egozentrisch, ist aber das Gegenteil davon: Haggai tritt als Prophet auf und verlangt trotz der wirtschaftlichen Krise den sofortigen Beginn des Tempelneubaus, weg vom Verfolgen eigensüchtiger Interessen und krankhafter Nabelschau. [2] ▌ Das Buch Haggai bildet zusammen mit den folgenden Prophetenbücher Sacharja und Maleachi den Abschluss des Zwölfprophetenbuches (Dodekapropheton in der LXX; was den zwölf «kleinen» Propheten entspricht). Es bezieht sich auf den Neubeginn Israels am Ende der Exilszeit, nach der Rückkehr aus der Verbannung nach Babylonien. [1] ▌

ist mein wort nicht

ist mein wort
  nicht mein wort nicht wie
    feuer nicht wie ein hammer
      der felsen zerschmettert nicht
        wie ein keil der schiefes richtig stellt

        ach wenn es doch schon brennte ach wenn
      eure harten hüllen doch zerschmölzen
    wenn ich doch euren schief-
  stand behandeln
könnte

❙ Jer 23,29: *Ist mein Wort nicht wie ein Feuer, spricht der Herr, und wie ein Hammer, der Felsen zerschmeisst?* ❙ Das Jeremiabuch verdankt sich einem längeren und komplizierten Entstehungs- und Überlieferungsprozess, «in der das Prophetenwort aufgenommen, überliefert, kommentiert und aktualisiert worden ist». [2] ❙ «Der prophetische oder ‹alternative› (‹YHWH›-) Narrativ ... ist zuerst dadurch gekennzeichnet, dass er die Welt imaginiert, als ob Gott in ihr der geschichtsentscheidende Akteur sei. Seine Rhetorik stellt Gott als ‹Gott der Verben› vor, als lebendige Person, die in der Geschichte in unterschiedlicher Weise handelt.» (Christel Weber) [12] ❙ Franz Kafka schrieb: «Ich glaube, man sollte überhaupt nur solche Bücher lesen, die einen beißen und stechen. Wenn das Buch, das wir lesen, uns nicht mit einem Faustschlag auf den Schädel weckt, wozu lesen wir dann das Buch? ... Wir brauchen aber die Bücher, die auf uns wirken wie ein Unglück, das uns sehr schmerzt ..., ein Buch muß die Axt sein für das gefrorene Meer in uns. Das glaube ich.» ❙

niemand relativiert sich

niemand relativiert sich – alle machen weiter

> wie bisher – es gibt niemanden dem etwas leidtut
> niemand der sagt was habe ich doch getan
> wo bleibt so etwas wie selbstwahrnehmung
> nein alle stürmen erst recht drauflos – sie kennen nur
> oberflächlichen gewinn – nur symptomatische massnahmen
> ach
> mit friede hat das gar nichts zu tun

▎Jer 8,6.7.9.11: *Ich sehe und höre, dass sie nicht die Wahrheit reden. Es gibt niemand, dem seine Bosheit leid wäre und der spräche: Was hab ich doch getan! Sie laufen alle ihren Lauf wie ein Hengst, der in der Schlacht dahinstürmt. Der Storch unter dem Himmel weiß seine Zeit, Turteltaube, Schwalbe und Drossel halten die Zeit ein, in der sie wiederkommen sollen; aber mein Volk will das Recht des* HERRN *nicht wissen. Die Weisen müssen zuschanden, erschreckt und gefangen werden; denn was können sie Weises lehren, wenn sie des* HERRN *Wort verwerfen? Sie heilen den Schaden meines Volks nur obenhin, indem sie sagen: «Friede! Friede!», und ist doch nicht Friede.* ▎ «Sünde ist nicht nur eine persönliche moralische Angelegenheit. Sie ist mehr als persönlich, mehr als moralistisch. Sie ist gesellschaftlich, institutionell, strukturell und systemisch. Sie hat zu tun mit einer Institution im Griff einer destruktiven Macht, einer Gesellschaft unter dem Schatten böser Kräfte, einem System oder einer Struktur, die auf die Zerstörung menschlicher Personen zielt.» (Choan Seng-Song) [3] ▎

bei deiner geburt

> BEI DEINER GEBURT WAR ES SO:
> als du auf die welt kamst   warf
> man dich weg   die nabelschnur
> schnitt man nicht einmal weg   die
> plazenta lag daneben   man
> wickelte dich nicht in windeln   du
> wurdest am strassenrand auf ein
> feld geschleudert   als du am
> verbluten warst   ging ich an dir
> vorüber   hielt an   ging zurück
> sagte (als ich dich im blute liegen
> sah) *du sollst leben   du sollst leben*
> (sagte ich als ich dich im blute
> liegen sah) ich nahm dich auf die
> arme   schnitt die nabelschnur
> durch   stillte das blut   wusch
> dich   wickelte dich   pflegte dich
> später wurdest du gross   und
> SCHÖN   DAS SAH MAN GUT

❚ Ez 16,4–7: *Bei deiner Geburt war es so: Als du geboren wurdest, hat man deine Nabelschnur nicht abgeschnitten; auch hat man dich nicht mit Wasser gebadet, damit du sauber würdest, dich nicht mit Salz abgerieben und nicht in Windeln gewickelt. Denn niemand sah mitleidig auf dich und erbarmte sich, dass er etwas von all dem an dir getan hätte, sondern du wurdest aufs Feld geworfen. So verachtet war dein Leben, als du geboren wurdest. Ich aber ging an dir vorüber und sah dich in deinem Blut strampeln und sprach zu dir, als du so in deinem Blut dalagst: Du sollst leben! Ja, zu dir sprach ich, als du so in deinem Blut dalagst: Du sollst leben und heranwachsen; wie ein Gewächs auf dem Felde machte ich dich. Und du wuchsest heran und wurdest groß und sehr schön.* ❚ Realität anerkennen, Trauerarbeit leisten und Hoffnung wagen: nach Brueggemann sind dies die drei dringenden prophetischen Aufgaben (cf. «Reality, Grief, Hope: three urgent prophetic tasks»). Wenn wir überleben wollen, müssen wir: 1) anerkennen, was ist (statt in Illusionen leben), 2) trauern (statt verdrängen) und 3) hoffen (statt sich enthoffnen lassen). [7] ❚

KRANKE GESELLSCHAFT

mickriger zweig

> ein mickriger zweig
> im schrundigen boden
> fernab von allem grün
> und wuchs doch auf
> fasste wurzeln
> trotzte der dürre
> gelang ihm das leben
> uns zugut
> alles sprach dagegen
> aber die schmerzen nehmen ab
> durch seine wunden sind wir geheilt
> das herz wird wieder gesund
> frieden ist in reichweite

❚ Jes 53,2–5: *Er schoss auf vor ihm wie ein Reis und wie eine Wurzel aus dürrem Erdreich. Er hatte keine Gestalt und Hoheit. Wir sahen ihn, aber da war keine Gestalt, die uns gefallen hätte. Er war der Allerverachtetste und Unwerteste, voller Schmerzen und Krankheit. Er war so verachtet, dass man das Angesicht vor ihm verbarg; darum haben wir ihn für nichts geachtet. Fürwahr, er trug unsre Krankheit und lud auf sich unsre Schmerzen. Wir aber hielten ihn für den, der geplagt und von Gott geschlagen und gemartert wäre. Aber er ist um unsrer Missetat willen verwundet und um unsrer Sünde willen zerschlagen. Die Strafe liegt auf ihm, auf dass wir Frieden hätten, und durch seine Wunden sind wir geheilt.* ❚ Jes 52,13–53,10 ist das vierte und letzte Gottesknechtslied und der Höhepunkt des Werkes von Deuterojesaja. Die ersten Christen haben es als Gedicht über die Passion von Jesus Christus verstanden. ❚ 1 Petr 2,24: *Christus selbst hat unsere Sünden mit seinem eigenen Leib hinaufgetragen an das Holz. Dadurch sind wir für die Sünde tot und können für die Gerechtigkeit leben. Durch seine Wunden seid ihr geheilt worden.* ❚

ZUKUNFT

Leere = Fülle?
Schablone und Öl auf Papier, 2023
11,5 × 14 cm

seid übriggebliebene

> seid übriggebliebene
>> werdet eingesammelte
>> werdet heimgebrachte
>> werdet vermehrte
> seid kinder
>> werdet adoptierte
>> werdet angenommene
>> werdet jung und jünger
> seid erwachsen
>> seid gerne wenige
>> werdet fröhliche minderheiten
>> freue dich du kleine herde

▍Jer 23,3: *Und ich will die Übriggebliebenen meiner Herde sammeln aus allen Ländern, wohin ich sie verstoßen habe, und will sie wiederbringen zu ihren Weideplätzen, dass sie fruchtbar sein sollen und sich mehren.* ▍ Jer 31,1–3: *Zu derselben Zeit, spricht der* HERR, *will ich der Gott aller Geschlechter Israels sein, und sie sollen mein Volk sein. So spricht der* HERR: *Das Volk, das dem Schwert entronnen ist, hat Gnade gefunden in der Wüste; Israel zieht hin zu seiner Ruhe. Der* HERR *ist mir erschienen von ferne: Ich habe dich je und je geliebt, darum habe ich dich zu mir gezogen aus lauter Güte.* ▍ In der TOB, der französischen ökumenischen Übersetzung steht bei V 2: *Israël va vers son rajeunissement:* «*Israel geht zu seiner Verjüngung.*» ▍ Nach den Katastrophen (Zerstörung von Jerusalem, Exil, Verschleppungen …) bleibt ein Rest vom Volk Israel. Obwohl es nur wenige Menschen sind, werden Neuanfang, neue Zusammengehörigkeit und eine helle Zukunft in Aussicht gestellt. ▍ Im NT ermutigt Jesus die Seinen so: *Fürchte dich nicht, du kleine Herde! Denn es hat eurem Vater wohlgefallen, euch das Reich zu geben.* (Lk 12, 32) ▍

Vergangenheit und Zukunft
Tusche auf Papier, 2023
15 × 12 cm

gedenkt nicht an das frühere

>   gedenkt
>   nicht an das frühere
>   achtet
>   nicht auf das vorige
>   denkt lieber
>   an die zukunft
>   achtet lieber
>   auf das spätere
>   denn siehe
>   ich will
>   neues schaffen
>   jetzt wächst es auf
>   erkennt ihrs denn nicht
> ich mache
> einen neuen weg
> in der wüste

▎Jes 43,18f: *Gedenkt nicht an das Frühere und achtet nicht auf das Vorige! Denn siehe, ich will ein Neues schaffen, jetzt wächst es auf, erkennt ihr's denn nicht? Ich mache einen Weg in der Wüste und Wasserströme in der Einöde.* ▎«Mit Deuterojesaja beginnt etwas Neues in der prophetischen Überlieferung. Schon die Grundschrift, die man in Jesaja 40–48 findet, ist reine Heilsprophetie.» [10] ▎«Parusia ist das Schlüsselwort der Prophetie. Es meint eine Anwesenheit, die zugleich auch Zukünftigkeit ist, eine Gegenwart, die von vorn auf uns zukommt und die keine Vergangenheit kennt.» (Paul Schütz) ▎«Prophetische Predigt verkündigt kein allgemein-gültiges, sondern ein aktuelles Wort: Gott kann jederzeit ‹alles neu› machen. Sie bringt den Gott zur Sprache, der in den Zeiten, die als Heil erlebt werden, Unheil erkennt und in Unheilszeiten schon das Heil sieht, und sich gerade darin als Gott erweist». (C. Weber) [12] ▎«Was Gedichte sind/Von der Hoffnung/hereingelegte Worte/veröffentlichte/Ängste aller-/närrischste Unter-/schriftensammlung gegen den Tod» (Eva Zeller) ▎

ZUKUNFT

irgendwann irgendwann

    irgendwann irgendwann geben
        die treiber ruhe – wer deine
    treiber sind? es sind die
        dich anklagen – leistungen
    einfordern – anpeitschen zu
        beweisen deines könnens
    eines tages geben die treiber auf
        und du hast ruhe von der
    mühe – ruhe von der qual
        ruhe vom angestrengten
    gestöhne – dann ist der krampf
        vorbei – vorbei die sklaverei

❙ Jes 14,3–5.7: *Und zu der Zeit, wenn dir der* HERR *Ruhe geben wird von deinem Jammer und Leid und von dem harten Dienst, in dem du gewesen bist, wirst du dies Lied anheben gegen den König von Babel und sagen: Wie ist's mit dem Treiber so gar aus, und das Toben hat ein Ende! Der* HERR *hat den Stock der Gottlosen zerbrochen, die Rute der Herrscher. Nun hat Ruhe und Frieden alle Welt und jubelt fröhlich.* ❙ Im AT sind Treiber diejenigen, die Sklaven zum Frondienst antreiben. S z. B. Ex 5,10f: *Da gingen die Treiber des Volkes und seine Aufseher hinaus, redeten mit dem Volk und sprachen: So spricht der Pharao: «Ich gebe euch kein Stroh mehr; geht ihr selbst hin, holt euch Stroh, wo ihr es findet, aber von eurem Tagewerk wird euch nichts erlassen!»* ❙ Irgendwann in der Zukunft wird die Sklaverei vorbei sein. Das ist die Hoffnung der Israeliten in Ägypten (cf. Exodus), der Deportierten in Babylon (cf. Deuterojesaja), der frühen Christen in Rom (cf. Apokalypse), der versklavten Afro-Amerikaner. ❙ Harriet Tubman (1822–1913, geflüchtete Sklavin): «God's time is always near. He set the North Star in the heavens; He gave me the strength in my limbs; He meant I should be free.» ❙

ZUKUNFT

verzeichnis zukünftiger ereignisse

weg, es wird sich auftun ein
engel, es wird vorangehen ein
fenster, es wird sich öffnen im himmel ein
gott, es wird segen herabschütten unser

kälber im frühling, ihr werdet auf die weide springen wie
sonne der gerechtigkeit, es wird aufgehen die
tag, es wird ertragbar sein der
unterschied feststellen,
    ihr werdet zwischen gottlosen und gottesfürchtigen einen

▌Mal 3,1.2.10: *Siehe, ich will meinen Engel senden, der vor mir her den Weg bereiten soll. Und bald wird kommen zu seinem Tempel der Herr, den ihr sucht; und der Engel des Bundes, den ihr begehrt, siehe, er kommt!, spricht der* HERR *Zebaoth. Wer wird aber den Tag seines Kommens ertragen können, und wer wird bestehen, wenn er erscheint? ... Bringt aber die Zehnten in voller Höhe in mein Vorratshaus, auf dass in meinem Hause Speise sei, und prüft mich hiermit, spricht der* HERR *Zebaoth, ob ich euch dann nicht des Himmels Fenster auftun werde und Segen herabschütten die Fülle.* ▌Mal 3,18.20: *Dann sollt ihr wieder sehen, was für ein Unterschied ist zwischen dem Gerechten und dem Gottlosen, zwischen dem, der Gott dient, und dem, der ihm nicht dient. Euch aber, die ihr meinen Namen fürchtet, soll aufgehen die Sonne der Gerechtigkeit und Heil unter ihren Flügeln. Und ihr sollt herausgehen und springen wie die Mastkälber.* ▌Mal rundet das Zwölfprophetenbuch, insgesamt den Kanonteil «Propheten» und überhaupt das AT ab. ▌«Jeder Christ, sagte er, hat die Gabe der Prophetie, wenn er aufmerksam die Bibel liest.» (Eveline Hasler: Der Zeitreisende) ▌

ZUKUNFT

wiedervereinigung

ich gehe zurück
will zu meinem
früheren mann
damals ging es
mir besser als jetzt
· ein mensch mit
leeren händen
und ein gott mit
leeren händen
können einander
besser begegnen
wenn keine
geschenke da-
zwischen liegen ·
darum will ich
wieder zurück zu
dir liebreicher gott

▮ Hos 2,9: *Wird sie dann ihren Liebhabern nachlaufen und sie nicht einholen, nach ihnen suchen und sie nicht finden, so wird sie sagen: Ich will wieder zurückkehren zu meinem ersten Mann; denn damals ging es mir besser als jetzt.* ▮ Hos 2,21–23: *Ich will dich mir verloben auf ewig, ich will dich mir verloben in Gerechtigkeit und Recht, in Gnade und Barmherzigkeit. Ich will dich mir verloben in Treue, und du wirst den Herrn erkennen. An jenem Tage will ich antworten, spricht der* Herr, *ich antworte dem Himmel, und der Himmel antwortet der Erde.* ▮ «Ein Gott mit leeren Händen und ein Mensch mit leeren Händen können einander unmittelbarer begegnen. Liebende können einander besser umarmen, wenn keine Geschenke dazwischen sind. Sie tun es im guten Sinn des Wortes – umsonst, aus Liebe, weil es so ist, wie es ist.» (Werner Reiser) ▮ «Mit den Metaphern vom geduldig liebenden Ehemann und der väterlich-mütterlich vergebenden Zuwendung JHWHs zu seinem verlorenen Sohn Israel deutet Hosea die personale und geschichtliche Komplexität des Geheimnisses JHWH (Erich Zenger).» [2] ▮

ZUKUNFT

meine tägliche wüste gib mir heute

meine tägliche wüste gib mir heute
sie ist gut für mich
damit ich mich nicht verliere
in den zahllosen möglichkeiten

diesen gedanken dieses gebet
hast du mir eingegeben
geist der kargheit
der mich auf das eine hinweist

auf diesen glanz
auf diesen weg durch die wüste
zu den ziehbrunnen
die mich retten

❚ Hos 2,16: *Darum siehe, ich will sie locken und will sie in die Wüste führen und freundlich mit ihr reden.* ❚ «Ich bin in die Wüste gekommen, um zu beten, um beten zu lernen. Das ist das grosse Geschenk, das mir die Sahara gemacht hat, ein Geschenk, das ich an alle meine Lieben weitergeben möchte, ein unermessliches Geschenk, ein Geschenk, das alle anderen in sich schliesst, das ‹sine qua non› des Lebens, unabdingbare Bedingung, der Schatz, der im Acker verborgen, die kostbare Perle, die auf dem Markt entdeckt wurde. Man könnte sagen: Wir sind das, was wir beten. Der Grad unseres Glaubens ist der Grad unseres Betens. Die Kraft unserer Hoffnung ist die Kraft unseres Betens. Die Glut unserer Liebe ist die Glut unseres Betens. Nicht mehr, nicht weniger.» (Carlo Carretto: Wo der Dornbusch brennt) ❚ «Dreissig Jahre lang ging ich auf der Suche nach Gott, und als ich am Ende dieser Zeit die Augen geöffnet hatte, entdeckte ich, dass er es war, der mich suchte.» (Bajezid Bistami, Sufimystiker aus dem 9. Jh.) [13] ❚

ZUKUNFT

weh denen die dunkle gedanken

> weh denen
> die dunkle gedanken kochen
> weil sie gieren nach besitz
> weh denen
> die unheil planen
> weil sie die macht haben
> weh denen
> die andere niederhalten
> weil sie sonst nicht bestehen
> wohl denen
> die an gott denken
> wenn sie nicht schlafen können
> wohl denen
> die klein werden können
> weil sie gross sind vor gott
> wohl denen
> die beruhigt in die zukunft blicken
> weil von dort die rettung kommt

▌ Mi 2,1f: *Weh denen, die Unheil planen und gehen mit bösen Gedanken um auf ihrem Lager, dass sie es frühe, wenn's licht wird, vollbringen, weil sie die Macht haben! Sie begehren Äcker und nehmen sie weg, Häuser und reißen sie an sich. So treiben sie Gewalt mit eines jeden Hause und mit eines jeden Erbe.* ▌ Michas «Sendungsbewusstsein als Prophet JHWHs: Er weiss sich erfüllt mit Kraft von Gott, mit einem ausgeprägten Sinn für das Recht *(mishpath)* und gestählt mit dem notwendigen Rückrat, um der übermächtigen Führung ihre Verbrechen vorzuhalten. Der ausgeprägte ‹Rechtsinn› meint die tragende, lebensgestaltende und lebensbewahrende Rechtsordnung, für deren Geltung und Funktionieren innerhalb des Volkes die Führungselite zuständig wäre, vor der sie jedoch zutiefst versagt hat› (R. Oberforcher).» [2] ▌ Mt 20,25f: *Aber Jesus rief sie zu sich und sprach: Ihr wisst, dass die Herrscher ihre Völker niederhalten und die Mächtigen ihnen Gewalt antun. So soll es nicht sein unter euch; sondern wer unter euch groß sein will, der sei euer Diener.* ▌

durchbrecher

                      durchbrecher
keine undurchdringliche gegenwart mehr
von der vergangenheit ganz zu schweigen
                      durchbrecher
weder hoffnungslosigkeit noch
zähflüssige tabus haben das sagen
                      durchbrecher
niemand kann mehr die neue zukunft
aufhalten niemand mehr abriegeln
                      durchbrecher
grosser gott weit wird das herz
anfänger und vollender des glaubens
                      durchbrecher

▌ Mi 2,13: *Ein Durchbrecher ist vor ihnen heraufgezogen; sie haben das Tor durchbrochen und sind hindurch- und hinausgezogen: Ihr König zog vor ihnen her, ja der HERR an ihrer Spitze.* ▌ Desmond Tutu bei einer Predigt in Kapstadt während der Apartheid: Tutu wendet sich an Polizisten und Militärs, die in den Gottesdienst eingedrungen sind und sich drohend um die Gemeinde herum aufstellen. Eine Machtdemonstration! Tutu sagt zu ihnen: «*You are powerful. You are very powerful. But you are not God. And I serve a God that will not be mocked.*» Die kurze Sequenz endet mit der Aufforderung: «*We invite you today: Come and join the winning side.*» Und die Gemeinde tanzt. Die Polizisten aber ziehen sich angesichts *dieser* Macht wieder zurück. Zehn Jahre später hat sich mit dem Ende der Apartheid Tutus Vision erfüllt. Die Predigt Desmond Tutus wirkt in einer Situation, die von Gefahr und Hoffnungslosigkeit geprägt ist, als göttlich gewirkte ‹Hoffnung›. Die Imagination einer neuen Wirklichkeit hat die Kraft, bereits die Gegenwart zu verändern: Sie erweist sich als Energie der Transformation.» [12] ▌

hier stehe ich

> hier stehe ich   auf meiner warte
> und stelle mich   auf meinen turm
> schaue   was er mir zu sagen hat
> was er mir antwortet auf das was
> ich ihm vorgehalten habe   warte
> denn warten ist eine grosse   tat
> besonders das hineinwarten   in
> die laute welt   wortlosen lärms
> denn bald kommt   das stille wort

▍Hab 2,1–3: *Auf meiner Warte will ich stehen und mich auf meinen Turm stellen und Ausschau halten und sehen, was er mir sagen und antworten werde auf das, was ich ihm vorgehalten habe. Der* HERR *aber antwortete mir und sprach: Schreib auf, was du schaust, deutlich auf eine Tafel, dass es lesen könne, wer vorüberläuft! Die Weissagung wird ja noch erfüllt werden zu ihrer Zeit und wird endlich frei an den Tag kommen und nicht trügen. Wenn sie sich auch hinzieht, so harre ihrer; sie wird gewiss kommen und nicht ausbleiben.* ▍ «Warten ist eine grosse Tat, warten dort hinein, in jene Finsternisse, in den grausigsten Tod, wo das ärgste und wüsteste Geschrei ist: dort hinein soll der Tag des Menschensohnes kommen! ... Wartende müssen wir sein; Kraft im Warten müssen wir haben, wirklich Hoffende, wirklich Ringende werden.» (Christoph Blumhardt) ▍ Auch der Prophet Ezechiel wird zum Wächter bestellt: *Du Menschenkind, ich habe dich zum Wächter gesetzt über das Haus Israel. Du wirst aus meinem Munde das Wort hören und sollst sie vor mir warnen.* (Ez 3,17; ganz ähnlich nochmals in Ez 33,1–9) ▍

ZUKUNFT

staubiger winter

staubiger winter /// harter boden ///
scharfer wind /// grimmige tage ///
gehen über den garten hin /// die keime halten still
in verborgenheit eingerollt /// den garten schert das nicht
für bewässerung ist gesorgt /// sprühende nässe
wird zu kleinem rinnsal /// halme zittern in der luft
/// so ist das auch bei mir

❙ Jes 58,11: *Und der* HERR *wird dich immerdar führen und dich sättigen in der Dürre und dein Gebein stärken. Und du wirst sein wie ein bewässerter Garten und wie eine Wasserquelle, der es nie an Wasser fehlt.* ❙ «Wer kann, erzähle die Wunder, die Gott getan hat. Denn wer sie erzählt, wird befreit. Und das, was erzählt wird, bleibt. Wer singt, steht in Ruhe da wie ein Fluss, dessen Quelle reichlich sprudelt und der dahinfliesst, um denen zu nützen, die ihn brauchen. Halleluja!» (Die Oden Salomos 26,11.13) ❙ *Ich suchte einen anderen Weg. Ich stieg hinab in die Wüster, wurde Stimme aus dem Feuer: ‹Lernt einander zu befreien.› Ich schuf einen Weg aus Worten, die zu verstehen sind und zu tun: Brot und Recht für die Armen, für die Dürstenden Wasser. Ich sprach sie in allen Sprachen, sie stehen am Himmel geschrieben: Freundschaft, Erbarmen und Treue. Ich denke, sie sind möglich. Ich warte.* (aus: Psalm 76, in der Übertragung von Huub Oosterhuis) ❙ «Warte, bis du in dich selber blickst – Erkenne, was dort wächst. O Suchender: ein Blatt in diesem Garten bedeutet mehr als alle Blätter, die im Paradies du findest!» (Rumi, Sufimystiker, 13. Jh.) ❙

ZUKUNFT

Ostrakon
Scherbe, geschliffen
Tusche auf Papier, 2021
13 × 15 cm

alles was er tut gelingt ihm

    diesem baum gelingt alles:
wachsen trinken am bach ausschlagen
blühen fruchten früchte abwerfen
blätter behalten
immergrün ////

    //// dieser baum kann das:
gottes namen verehren sein reich erwarten
seinen willen geschehen lassen – das gelingt ihm
sich nähren lassen versöhnt in der landschaft stehen
resistent werden gestalt annehmen – darin ist er gut

▌Jer 17,7–10: *Gesegnet ist der Mann, der sich auf den* HERRN *verlässt und dessen Zuversicht der* HERR *ist. Der ist wie ein Baum, am Wasser gepflanzt, der seine Wurzeln zum Bach hin streckt. Denn obgleich die Hitze kommt, fürchtet er sich doch nicht, sondern seine Blätter bleiben grün; und er sorgt sich nicht, wenn ein dürres Jahr kommt, sondern bringt ohne Aufhören Früchte.* ▌ In der Übersetzung Martin Bubers (Bücher der Kündung): *Gesegnet der Mann, der mit IHM sich sichert: Er wird seine Sicherheit. Der wird sein wie ein Baum, ans Wasser verpflanzt, an den Lauf sendet er seine Wurzeln: wenn Glut kommt, sieht er nicht darauf, üppig bleibt sein Laub, im Mangeljahr sorgt er nicht, lässt nicht ab, Frucht zu bereiten.* ▌ Ps 1,1–3: *Wohl dem, der … Lust hat am Gesetz des* HERRN *und sinnt über seinem Gesetz Tag und Nacht! Der ist wie ein Baum, gepflanzt an den Wasserbächen, / der seine Frucht bringt zu seiner Zeit, und seine Blätter verwelken nicht. Und was er macht, das gerät wohl.* ▌ «Bäume sind Gedichte, die die Erde in den Himmel schreibt. Wir fällen sie und verwandeln sie in Papier, um unsere Leere darauf auszudrücken.» (aus: Khalil Gibran, Der Prophet) ▌

ENDZEIT

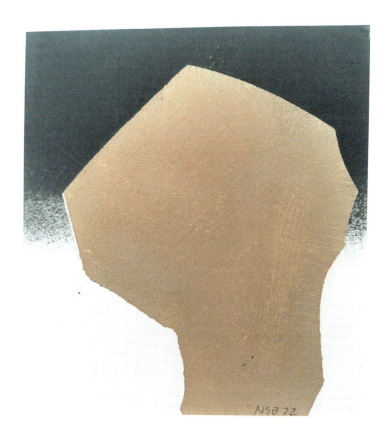

Testu
Schablone und Öl auf Papier, 2022
13 × 14 cm

ENDZEIT

zu der zeit

> * zu der zeit wird weder kälte sein noch
> frost noch eisiges wetter * es wird
> wird warm sein am tag und
> licht am abend * es werden
> lebendige wasser fliessen
> nach osten und westen
> * wird das ein fest *
> und gott wird
> könig sein über alles
> land zu der zeit und sein
> name der einzige * es wird
> keinen bann mehr geben * man
> wird ganz sicher wohnen zu der zeit*

❙ Sach 14,6–9.11: *Und an jenem Tag wird kein Licht sein, sondern Kälte und Frost. Und es wird ein einziger Tag sein – er ist dem* HERRN *bekannt! –, es wird nicht Tag und Nacht sein, und auch um den Abend wird es licht sein. Und an jenem Tag werden lebendige Wasser aus Jerusalem fließen, die eine Hälfte zum Meer im Osten und die andere Hälfte zum Meer im Westen ... Und der* HERR *wird König sein über alle Lande. An jenem Tag wird der* HERR *der einzige sein und sein Name der einzige. Und man wird darin wohnen; es wird keinen Bann mehr geben, denn Jerusalem wird ganz sicher wohnen.* ❙ Im Schlussteil von Sach sind Texte zusammengestellt, die die Endzeit in den Blick nehmen: den Ansturm der Völker gegen Jerusalem und die herrliche Zukunft der Stadt als Ort des Friedens in der Welt. [1] ❙ Zur «Lehre von der Endzeit»: Man erwartet nicht das Ende der Zeit, sondern eine Wende der Zeit, die zur Vollendung der Schöpfung führt; keine andere Welt, sondern diese Welt anders; kein Leben im Himmel, sondern den Himmel auf Erden; kein Ende der Zeit, sondern ein Ende des Leids in einer Zeit ohne Ende. [6] ❙

wie eine schwarze wolke

wie eine schwarze
wolke – die sich nicht entlädt
wie drückende mittagshitze klebrigen
schweiss erzeugt – so bleibt gott still
und wartet auf antwort –
am kochenden himmel
kreisen die geier

oder
beginnen
doch

tropfen
zu fallen
wie

wenn
gott
regen?

▌Jes 18,4–6: *Denn so spricht der* HERR *zu mir: Ich will schauen von meiner Stätte und will still warten wie drückende Hitze am hohen Mittag und wie Taugewölk in der Hitze der Ernte. Denn vor der Ernte, wenn die Blüte vorüber ist und die Traube noch reift, wird er die Ranken mit Winzermessern abschneiden und die Reben wegnehmen und abhauen, dass man's miteinander liegen lässt für die Geier auf den Bergen und die Tiere im Lande.* ▌ Der Begriff «Eschatologie» kommt von griech. τὸ ἔσχατον = das letzte und bedeutet wörtl. «Lehre von der Endzeit»; er kann er sich in einem weiten Sinne verwendet auf alle prophetischen Ankündigungen beziehen, in einem engen nur auf die Vorstellung vom Ende der Welt und der Geschichte. (K. Koenen) [6] ▌ An den ins Apokalyptische übergehenden Rändern der hebr. Bibel erscheint JHWH schließlich als Richter der gesamten Völkerwelt. Das eschatologische Richten JHWHs zielt keineswegs nur auf Verurteilung und Bestrafung von Schuldigen, sondern auch auf die Befreiung und Rehabilitierung der bisher unter Unrecht und Gewalt Leidenden. (W. Dietrich) [6] ▌

ENDZEIT

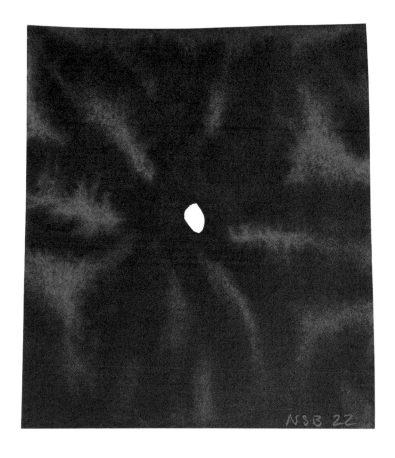

Loch im Samt
Tusche auf Papier, 2022
11,5 × 13,5 cm

der herr hat ein wort

    der herr hat ein wort   gesandt
    und es ist in   niedergegangen
    dort ist es   detoniert es hat
    einen krater   aufgerissen
    der lärm und der staub legt sich
    das gewummer der götzen   ist weg

    dort unten liegt es gigantisches
    samenkorn   ich warte auf sein
    keimen   am ende geht es auf
    schlägt es aus   schon nur das
    belebt mich   und lässt mich
    energisch warten bis   es spricht

▌ Jes 9,7: *Der Herr hat ein Wort gesandt zu Jakob, und es ist in Israel niedergefallen.* ▌ Der Vers folgt unmittelbar der Ankündigung von Jes 9,5f: *Denn ein Kind ist uns geboren, ein Sohn ist uns gegeben, und auf seine Schulter ist die Herrschaft gekommen. Und er hat ihm seinen Namen gegeben: Wunderbarer Ratgeber, Heldengott, Vater für alle Zeit, Friedensfürst. Die Herrschaft wird grösser und grösser, und der Friede ist grenzenlos auf dem Thron Davids und in seinem Königreich.* ▌ «Dein Wort ist Herr ein Flammenschwert, ein Keil der Felsen spaltet, ein Feuer, das im Herzen zehrt.» (Carl Bernhard Garve) ▌ «Beten ist Arbeit am Gottesbild und Arbeit am Selbstbild.» (Alexa Wilke) [14] «Die Erinnerung an JHWH und an seine Heilstaten ist Anlass zum Beten und Inhalt der Gebete zugleich. Sie ist Anlass, sofern sie das Wissen von ihm, seinem rettenden Handeln und seinen Verheißungen, die Betenden bestärkt, ihn um Rettung und die Einlösung seiner Zusagen zu bitten. Inhalt hingegen ist die Erinnerung, sofern das Erleben seiner Hilfe oder die Erzählung seines Handelns preisend thematisiert werden.» [14] ▌

tröstet tröstet

> tröstet tröstet
> freundlich freundlich
> stimme stimme
> weg weg
> bahn bahn
> eben eben
> fleisch fleisch
> gras gras
> blume blume
> atem atem
> wort wort
> ewig ewig

▌Jes 40,1–7 (in der Übertragung von Martin Buber): *Tröstet, tröstet mein Volk, spricht euer Gott, redet zum Herzen Jerusalems und rufet ihr zu, dass vollendet ist ihr Scharwerk, dass abgegnadet ist ihre Schuld, dass gedoppelt von SEINER Hand sie empfängt für alle ihre Sündenbussen. Stimme eines Rufers: In der Wüste bahnt SEINEN Weg, ebnet in der Steppe eine Strasse für unseren Gott! Alles Tal soll sich heben, aller Berg und Hügel sich niedern, das Höckrige werde zur Ebne und die Grate zum Gesenk! Offenbaren will sich SEIN Ehrenschein, alles Fleisch vereint wirds sehen. Ja, geredet hats SEIN Mund, Stimme eines Sprechers: Rufe! Er spricht zurück: Was soll ich rufen! Alles Fleisch ist Gras, all seine Holdheit der Feldblume gleich! Verdorrt ist das Gras, verwelkt ist die Blume, da SEIN Windbraus sie angeweht hat!* ▌ «Wie ein Dichter ist der Prophet mit Sensibilität, Enthusiasmus und Zärtlichkeit ausgestattet, und vor allem mit einer Art, phantasievoll zu denken. Die Prophetie ist das Produkt der poetischen Vorstellungskraft. Prophetie ist Poesie.» (Abraham Heschel) [15] ▌

ENDZEIT

am ende im futurum

    am ende
werden deine töchter auf dem arm herbeigetragen worden
wird dein herz weit geworden
wird dein gesicht freudestrahlend
werden die tore immer offen
wird die zeit der tränen endgültig vorbei
wird gott selbst für immer dein licht
    sein

    am ende
werden alle fesseln gelöst
werden die gebrochenen herzen geheilt
werden die trauernden getröstet
werden die trümmerstätten wieder aufgebaut
werden die gärten des glückes voller pflanzen
werden alle beglückt wie braut und bräutigam
    sein

❙ Jes 60,4.5.11.19.20: *Hebe deine Augen auf und sieh umher: Diese alle sind versammelt, kommen zu dir. Deine Söhne werden von ferne kommen und deine Töchter auf dem Arm hergetragen werden. Dann wirst du es sehen und vor Freude strahlen, und dein Herz wird erbeben und weit werden, wenn sich die Schätze der Völker am Meer zu dir kehren und der Reichtum der Völker zu dir kommt. Deine Tore sollen stets offen stehen und weder Tag noch Nacht zugeschlossen werden, dass der Reichtum der Völker zu dir gebracht und ihre Könige herzugeführt werden. Die Sonne soll nicht mehr dein Licht sein am Tage, und der Glanz des Mondes soll dir nicht mehr leuchten, sondern der HERR wird dein ewiges Licht und dein Gott wird dein Glanz sein. Deine Sonne wird nicht mehr untergehen und dein Mond nicht den Schein verlieren; denn der HERR wird dein ewiges Licht sein, und die Tage deines Leidens sollen ein Ende haben. S. a. Jes 61,1–11.* ❙ Kapitel 60–62 malen ein überschwängliches, endzeitliches Bild vom Kommen des Lichts und von der gewaltfreien, herrlichen und reichen Gottesstadt. Die poetischen Texte werden in der Offb aufgenommen und weitergedichtet. ❙

und ihr? so müde?

und ihr? so müde?
oder macht ihr die menschen so müde? müsst ihr auch gott so müde machen? nun aber: ich will euch wecken. euch wird hören und sehen vergehen. die jungfrau wird schwanger. sie bekommt ein kind. es heisst:
gott-mit-uns und weckt alle

▌Jes 7,13f: *Da sprach Jesaja: Wohlan, so hört, ihr vom Hause David: Ist's euch zu wenig, dass ihr Menschen müde macht? Müsst ihr auch meinen Gott müde machen? Darum wird euch der Herr selbst ein Zeichen geben: Siehe, eine Jungfrau ist schwanger und wird einen Sohn gebären, den wird sie nennen Immanuel.* ▌ Mit der Ankündigung der Geburt Jesu in Mt 1,23 wird der Name Immanuel als der Name des kommenden Erlösers für Israel an den Anfang eines neutestamentlichen Evangeliums gestellt. Wie der Leser der folgenden Erzählung dann aber erfährt, wird das neu geborene Kind «Jesus», und damit eben nicht «Immanuel» genannt. Entscheidend für den Evangelisten ist aber nicht der Name, sondern dessen Bedeutung: «Gott ist mit uns». ▌ Dass Matthäus die Ankündigung aus Jes 7,14 aufnehmen kann und in dem angekündigten Kind den kommenden Messias sieht, setzt vermutlich voraus, dass nach Meinung der christlichen Jesaja-Leser auch die Texte vom stellvertretend leidenden Gottesknecht (Jes 52,13–53,12) mit dem Messias zu verbinden sind. [6] ▌

ENDZEIT

alphabetischer trost

alef – am anfang steht / der leidenschaftliche gott
bet – barmherzig ist er / und durch gewitter führt sein weg
gimel – gewaltig weist er / das meer zurecht
dalet – durst weckt er / nach dem wasser der gnade
he – hügel geraten in bewegung / berge zittern in der ferne
waw – wärme strömt aus dem boden/ wo gott steht und blickt
sajin – sehr heftig die wut / wenn sie trauer übermannt
chet – chorale dröhnen / felsen stürzen vor ihm in die knie
tet – tausendfache güte / überschwemmt die wüste
kaf – kraft schickt er zur erde / rasch eilt sie dahin

❚ Nah 1, 2–7: *Der* HERR *ist ein eifernder Gott und ein Rächer, ja, ein Rächer ist der* HERR *und zornig. Der* HERR *ist ein Rächer an seinen Widersachern; er vergisst es seinen Feinden nicht. Der* HERR *ist geduldig und von großer Kraft, doch ungestraft lässt er niemanden. Er ist der* HERR, *dessen Weg in Wetter und Sturm ist; Wolken sind der Staub unter seinen Füßen. Er schilt das Meer und macht es trocken; alle Wasser lässt er versiegen. Baschan und Karmel verschmachten, und was auf dem Berge Libanon blüht, verwelkt. Die Berge erzittern vor ihm, und die Hügel zergehen; das Erdreich bebt vor ihm, der Erdkreis und alle, die darauf wohnen. Wer kann vor seinem Zorn bestehen, und wer kann vor seinem Grimm bleiben? Sein Zorn brennt wie Feuer, und die Felsen zerspringen vor ihm. Der Herr ist gütig und eine Feste zur Zeit der Not und kennt, die auf ihn trauen.* ❚ Über Nahum wissen wir nichts. Der Name bedeutet «der Herr tröstet» und mag als Hinweis auf seine Botschaft zu verstehen sein. [1] ❚ Im hebräischen Text von Nah (1,2–8), einem Psalm, folgen die Anfangsbuchstaben jeder Zeile dem Alphabet. ❚

denn das land

denn das land
  läuft weg vom herrn
    denn das land
      läuft der geilheit nach
                  embryonen
                  wirft es weg
    doch gott nimmt sie auf
      nimmt sie mit
        holt das land ein
          und niemand entkommt
                seiner
                barmherzigkeit

▌ Hos 1,2.7: *Als der HERR anfing zu reden durch Hosea, sprach er zu ihm: Geh hin und nimm eine hurende Frau und Hurenkinder; denn das Land läuft vom HERRN weg der Hurerei nach. Doch will ich mich erbarmen über das Haus Juda und will ihnen helfen durch den HERRN, ihren Gott; ich will ihnen aber nicht helfen durch Bogen, Schwert und Krieg, durch Ross und Reiter.* ▌ «Es handelt sich für mich hier um einen sehr starken Moment innerhalb des AT, die Einsicht, dass es möglich ist, im Verständnis zu wachsen und über die Vergangenheit noch einmal anders nachzudenken. Etwas in der Welt des Propheten Hosea – der auf so berührende Weise die hilflose Liebe Gottes zu Gottes Volk beschreibt, seine Verpflichtung auf eine Liebe, die selbst dann nicht aufgegeben wird, wenn es den Anschein hat, dass die Liebe den Liebenden demütigt – etwas hatte schon das Herz weit gemacht, mehr von Gott zu entdecken. Für Christen ist hier schon eine Art Vorgeschmack gegeben auf das erschreckende Erbarmen Gottes, das wir in Jesus Christus durchbrechen sehen.» (Rowan Williams) [4] ▌

das lamm stapft durch den schnee

das lamm stapft durch den schnee
        man sieht es kaum
waagrechte graupel sticheln
        das gesicht
kahle äste zucken
        im wind
gelange in die kargheit
        der klammen zehen
psalmenfetzen ziehen vorüber

        tun muss ich nichts
                kann andere stehen lassen
nur das lamm geht weiter

❙ Jer 11,19: *Ich aber war wie ein argloses Lamm, das zur Schlachtbank geführt wird, und wusste nicht, dass sie gegen mich beratschlagt hatten und gesagt: Lasst uns den Baum in seinem Saft verderben und ihn aus dem Lande der Lebendigen ausrotten, dass seines Namens nimmermehr gedacht werde.* ❙ In den Prophetenschriften ist das Lamm Symbol von Wehrlosigkeit und Verletzbarkeit (z. B. Jes 5,17; Jes 11,6; Jer 11,19; Hos 4,16). Das zeigt besonders das 4. Gottesknechtslied: *Als er gemartert ward, litt er doch willig und tat seinen Mund nicht auf wie ein Lamm, das zur Schlachtbank geführt wird;* (Jes 53,7). ❙ In der Offb hat das Lamm einen hervorragenden Platz in den eschatologischen Szenarien: es ist eine apokalyptische Figur und symbolische Darstellung des himmlischen Christus, weswegen es *wie geschlachtet* aussieht (Offb 5,6); in einem kosmischen Kampf gewinnt das Lamm gegen eine widergöttliche Macht (17,12–14); in endzeitlichen Freudenszenen spielt das Lamm eine zentrale Rolle: seine *Hochzeit* wird gefeiert (19,1–10); im neuen Jerusalem *ist das Lamm* das Licht (21,23); es hat einen *Thron* (22,3). ❙

Implosion
Tusche und Bleistift auf Papier, 2021
14 × 14,5 cm

ENDZEIT

durchsage

                                          durchsage
tod   ich will dir gift sein
tod   du wirst nicht überleben
tod   du bist bald tot

an alle die nicht mehr tot sein wollen
                jetzt ist der moment
                    zu leben
                und nicht mehr aufzuhören
                    darum:
    zugreifen   das leben ergreifen

▌ Hos 13,14: *Sollte ich sie aus der Hölle erlösen und vom Tod erretten? Tod, wo ist deine Seuche; Hölle, wo ist deine Pest? Meine Augen kennen kein Mitleid.* ▌ *... Dann wird erfüllt werden das Wort, das geschrieben steht: «Der Tod ist verschlungen in den Sieg. Tod, wo ist dein Sieg? Tod, wo ist dein Stachel?» Der Stachel des Todes aber ist die Sünde, die Kraft aber der Sünde ist das Gesetz.* (1. Kor 15, 55f) ▌ Ephräm der Syrer (+373): «Der Ruf erscholl. Das Lager des Unkrauts versammelte sich ganz, weil sie sahen, dass Jesus zum Ärger der ganzen Gegenseite glorreich sei. Der gierige Tod heulte und sprach: Nun habe ich das Fasten gelernt, das ich sonst nicht kannte. Seht, vor beidem fürchte ich mich: vor seinem Tod und vor seinem Leben. Ich täuschte mich, da er sich taufen liess; denn er tauchte empor und versenkte mich.» ▌ Jes 25,8: *Er wird den Tod verschlingen auf ewig. Und Gott der Herr wird die Tränen von allen Angesichtern abwischen ...* ▌ Offb 21,4: *Und Gott wird abwischen alle Tränen von ihren Augen, und der Tod wird nicht mehr sein, noch Leid noch Geschrei noch Schmerz wird mehr sein; denn das Erste ist vergangen.* ▌

ENDZEIT

jenseits der verwesung

   jenseits   der verwesung
  zwar   war alles   organische vertrocknet
kein wasser war mehr   vorhanden
doch   obzwar zerfallen   kam das leben zurück
denn ich sah   das leben
lief rückwärts   in die zukunft
  die knochen wurden   zu mumien
    bald lag weder verwesendes   noch fauliges fleisch
    mehr herum   nichts dergleichen
     dafür sehnen   die sich elastisch
      spannten   (ob das ging? und ob das ging!)
       haut zog   das lose zusammen
         und die körper bewegten
           sich wieder

▌Ez 37,5–7: *So spricht Gott der* Herr *zu diesen Gebeinen: Siehe, ich will Odem in euch bringen, dass ihr wieder lebendig werdet. Ich will euch Sehnen geben und lasse Fleisch über euch wachsen und überziehe euch mit Haut und will euch Odem geben, dass ihr wieder lebendig werdet; und ihr sollt erfahren, dass ich der* Herr *bin. Und ich weissagte, wie mir befohlen war. Und siehe, da rauschte es, als ich weissagte, und siehe, es regte sich und die Gebeine rückten zusammen, Gebein zu Gebein.* ▌ Die prophetischen Schriften (insbesondere Ez) können als *disaster and survival literature*, als Katastrophen- und Überlebensliteratur bezeichnet werden («You are my people – an introduction to prophetic literature») [16] ▌ Der Abschnitt aus Ez 37,1–5 ist wahrscheinlich der bekannteste Text des Propheten. Die Vision der Wiederbelebung von Toten (eigentlich: Getöteten) «konnte infolge der toleranten Religionspolitik des persischen Königs Kyros II (559–530) bis zu einem gewissen Grade historische Wirklichkeit werden». [3] ▌ Mit «Geist» und «Auferstehung» weist Ez schon weit in die christliche Theologie hinein. ▌

ZUSPRUCH

Schreib!
Schablone und Öl auf Papier, 2022
12 x 15 cm

ZUSPRUCH

ich will ihr gott sein

        ich will ihr gott sein
       sie sollen mein volk sein
               du hast gnade gefunden
                   in der wüste
     du bist den waffen entkommen
     du darfst in die ruhe ziehen
             du stehst in meiner gunst
             schau nur – du wirst jünger
    ich habe dich je und je geliebt
    darum habe ich dich zu mir
     gezogen aus lauter liebe
       du wirst gedeihen

▌Jer 31,1–3: *Zu derselben Zeit, spricht der* HERR, *will ich der Gott aller Geschlechter Israels sein, und sie sollen mein Volk sein. So spricht der* HERR: *Das Volk, das dem Schwert entronnen ist, hat Gnade gefunden in der Wüste; Israel zieht hin zu seiner Ruhe. Der* HERR *ist mir erschienen von ferne: Ich habe dich je und je geliebt, darum habe ich dich zu mir gezogen aus lauter Güte.* ▌ «Trostbüchlein für Efraim» wird die Grosskomposition von Jer 30 und 31 oft genannt. «Es ist ein Kunstwerk von stilistischer Brillanz und theologischer Klarheit.» (Klaus Seybold) [3] ▌ Nach Jahrzehnten sich ablösender Katastrophen soll das «zerbrochene Gottesverhältnis» (Reinhard Kratz) [10] wiederhergestellt werden. Darum geht Gott mit viel Zuspruch und Ermutigung auf seine Menschen zu und möchte sich mit ihnen verbünden: *Siehe, es kommt die Zeit, spricht der* HERR, *da will ich mit dem Hause Israel und mit dem Hause Juda einen neuen Bund schließen.* (Jer 31,31) ▌ «Am Beginn steht das Bekenntnis Gottes zur ewigen Liebe zu seinem Volk, das in ungewohnt emotionalen Worten formuliert ist.» [3] ▌

ZUSPRUCH

auswirkungen des geistes

auswirkungen des geistes

der schwache spreche
                                      ich bin stark
kein bewohner soll sagen
                                      ich bin schwach
        da ist so viel kraft

                man lasse sich beschenken

❙ Joel 4,10f: *Der Schwache spreche: Ich bin stark! Eilt und kommt, alle Völker ringsum, und versammelt euch! – Dorthin führe du hinab, HERR, deine Starken!* ❙ Die Kraftzufuhr und Fähigkeit, stark zu werden, scheint eine Folge der Ausschüttung der Geistkraft (ruach) zu sein, die in Joel 3 versprochen wird. An Pfingsten, dem Tag der Ausgiessung des Heiligen Geistes, geschieht Ähnliches (erzählt in Apg 2,1–13.16–21, wobei auch Joel 3,15 zitiert wird): da ist neue Kraft zur Liebe, zur Hoffnung, zum Glauben, zum Dienst, zur Verkündigung, ja zur Prophetie. ❙ Jes 33,24: *Und kein Bewohner wird sagen: «Ich bin schwach»; denn das Volk, das darin wohnt, wird Vergebung der Schuld haben.* ❙ Auch hier: die Zeit der Schwäche wird vorbei sein. Interessanter Zusatz: Vergebung annehmen und gewähren ist ein Zeichen von Stärke. ❙ *Desgleichen hilft auch der Geist unsrer Schwachheit auf. Denn wir wissen nicht, was wir beten sollen. Wir wissen aber, dass denen, die Gott lieben, alle Dinge zum Besten dienen, denen, die nach seinem Ratschluss berufen sind.* (Röm 8,26.28) ❙

er gibt

> er gibt
> den müden kraft
> den matten mumm
> den schwachen stärke
> den erschöpften energie
> den strauchelnden standfestigkeit
> den niedergeschlagenen flügel
> den gähnenden wachheit
> den wankenden halt
> und so weiter

Jes 40,29–31: *Er gibt dem Müden Kraft und Stärke genug dem Unvermögenden. Jünglinge werden müde und matt, und Männer straucheln und fallen; aber die auf den Herrn harren, kriegen neue Kraft, dass sie auffahren mit Flügeln wie Adler, dass sie laufen und nicht matt werden, dass sie wandeln und nicht müde werden.* «Mit Deuterojesaja beginnt etwas Neues in der prophetischen Überlieferung. Schon die Grundschrift, die man in Jesaja 40–48 findet, ist reine Heilsprophetie.» (Kratz) [10] «Die radikalste Transformation des hergebrachten Bekenntnisses betrifft JHWH selbst und seine Stellung unter den Göttern. Für Deuterojesaja ist er nicht nur der höchste, auch nicht nur der eine Gott, der keine anderem neben sich duldet, sondern der einzige, ausserdem es keinen anderen gibt. Hier hat der Monotheismus im strikten Sinn seinen Ursprung.» (Kratz) Der prophetische Narrativ imaginiert die Welt, «also ob Gott in ihr der geschichtsentscheidende Akteur sei. Seine Rhetorik stellt Gott als ‹Gott der Verben› (Brueggemann) vor.» [12]

ZUSPRUCH

verheissungsvolle scherben

verheissungsvolle scherben
            für die elende   zusammengesetzt
   du   ohne bedrückung
    du   ohne bedrängnis
     du   wirst furchtlos
      du   hast keine angst
     du   kein schrecken
      du   keine zerstörung
    du   zwar kampf
   du   aber wirst gewinnen
    du   wirst über alle wetter gehen
du   dein elend   hat nun ein ende

▮ Jes 54,10–11.13–15: *Denn es sollen wohl Berge weichen und Hügel hinfallen, aber meine Gnade soll nicht von dir weichen, und der Bund meines Friedens soll nicht hinfallen, spricht der* HERR, *dein Erbarmer. Du Elende, über die alle Wetter gehen, die keinen Trost fand! Siehe, ich will deine Mauern auf Edelsteine stellen und will deinen Grund mit Saphiren legen. Und alle deine Kinder sind Schüler des* HERRN, *und großen Frieden haben deine Kinder. Du sollst auf Gerechtigkeit gegründet sein. Du wirst ferne sein von Bedrückung, denn du brauchst dich nicht zu fürchten, und von Schrecken, denn er soll dir nicht nahen. Siehe, wenn man kämpft, dann kommt es nicht von mir; wer gegen dich streitet, wird im Kampf gegen dich fallen.* ▮ «Die Bibel zeigt eine deutliche Entwicklung in Gottes Bemühen, sich uns zu nähern, ohne uns zu überwältigen: von Gott dem Vater, der väterlich zu den Hebräern war, zu Gott dem Sohn, der den Willen Gottes eher von Grund auf lehrte, als durch Gebote von oben herab zu befehlen, bis hin zum Heiligen Geist, der uns buchstäblich mit der Gegenwart Gottes erfüllt.» (Philip Yancey) [8] ▮

ZUSPRUCH

ich will tau sein für sie

        ich will tau sein für sie
        sie soll blühen wie eine lilie
      wurzeln ausschlagen wie
      zweige spriessen lassen
so schön sein wie ein ölbaum
guten geruch verbreiten wie die linde
unter meinem schatten sitzen
blühen wie ein weinstock
                denn gerne will ich sie lieben

▍ Hos 14,5–8: *Ich will ihre Abtrünnigkeit heilen; gerne will ich sie lieben; denn mein Zorn hat sich von ihnen gewendet. Ich will für Israel wie der Tau sein, dass es blüht wie eine Lilie und seine Wurzeln ausschlagen wie der Libanon und seine Zweige sich ausbreiten, dass es so schön sei wie ein Ölbaum und so guten Geruch gebe wie der Libanon. Und sie sollen wieder unter seinem Schatten sitzen; von Korn sollen sie sich nähren und sprossen wie der Weinstock, der berühmt ist wie der Wein vom Libanon.* ▍ «Die Sprache ruht im Schatten/eines Worts;/der Schatten fasst/den ganzen Baum zusammen,/unfassbar begreiflich/Die Fragen werden fragiler,/das Felsenfeste bekommt den Klang/zerbrechlichen Glases/Der große Rest,/der in der Liebe nicht aufgeht,/geht in die Dichtung ein» (Elazar Benyoetz) ▍ «Ich glaube, wir sollen uns zu den Geretteten zählen und uns dann ausmalen, wie unsere Dörfer und Städte aussehen, wenn der Architekt Schalom heisst, und alles dafür tun, dass auch andere gerettet werden. Wenn wir zum Schluss kommen, dass es noch viel Platz hat auf unseren Plätzen, werden wir zum Segen.» (Ralph Kunz) ▍

ZUSPRUCH

ein anderes herz

>ein anderes herz
>einen neuen geist (keinen alten)
>einen willigen (keinen bedenklichen)
>ein herz aus fleisch (nicht aus stein)
>ein blutiges herz (kein trocken-sprödes)
>ein einfaches (kein kompliziertes)
>ein menschliches (kein tierisches)
>ein gesundes (kein verfettetes)
>ein freies (kein besetztes)
>will ich euch geben

▍Ez 36,26f: *Und ich will euch ein neues Herz und einen neuen Geist in euch geben und will das steinerne Herz aus eurem Fleisch wegnehmen und euch ein fleischernes Herz geben. Ich will meinen Geist in euch geben und will solche Leute aus euch machen, die in meinen Geboten wandeln und meine Rechte halten und danach tun.* ▍Jer 24,7: *Und ich will ihnen ein Herz geben, dass sie mich erkennen sollen, dass ich der Herr bin. Und sie sollen mein Volk sein, und ich will ihr Gott sein; denn sie werden sich von ganzem Herzen zu mir bekehren.* ▍Das tierische Herz (statt des menschlichen) wird in Dan 4,13 erwähnt: *Und das menschliche Herz soll von ihm genommen und ein tierisches Herz ihm gegeben werden, und sieben Zeiten sollen über ihn hingehen.* ▍«Die prophetische Aufgabe – so Brueggemann – lautet in jeder Situation: ‹Imagine YHWH!›» [12] ▍«Der Erlösungsbitte bittet sich hinein in den Hoffnungs-Horizont – und sie bittet um die Geisteskraft, in ihm glaubend ‹zuhause› sein zu dürfen, ihn nicht zu verlieren, wenn uns die Verzweiflung über den Zynismus und die Übermacht des Bösen wie ein Untier überfällt.» (Werbick) [17] ▍

ZUSPRUCH

trümmer trümmer trümmer

trümmer trümmer trümmer
                          liegen überall herum
entmutigung entmutigung entmutigung
                          nichts ist leichter als das

            (die leute werden manipulierbar unsicher)
            (handlungsunfähig wankelmütig defensiv)
            (entmutigte haben kein selbstwertgefühl)

scherben scherben scherben
                          mit worten
ermutigung ermutigung ermutigung
                          steht darauf

            (ist es so schwer mutig zu werden? nein)
            (wer hilft uns dabei? die alten propheten)
            (propheten können das? ja das können sie)

▌ Ez 21,32: *Zu Trümmern, zu Trümmern, zu Trümmern will ich sie machen – aber auch dies wird nicht bleiben –, bis der kommt, der das Recht hat; dem will ich es geben.* ▌ In Esra 4 wird berichtet, wie die Besatzer in Jerusalem die Zurückgekehrten mit gezielten Aktionen entmutigen wollten, um sie am Bauen, resp. Wiederaufbauen von Häusern und Tempel abzuhalten: *Da unternahmen die Leute im Land (d. h. die Vertreter des persischen Königs) alles, um das Volk Juda zu entmutigen. Sie konnten das Volk tatsächlich vom Bauen abschrecken.* (Esra 4,4/BB). ▌ Später gehen die Arbeiten dank der Ermutigung von Propheten wieder voran, s. Esra 6,14: *So konnten die Ältesten der Juden den Bau gut weiterführen. Dabei wurden sie von den Propheten ermutigt, von Haggai und von Sacharja, dem Sohn des Iddo. Die Juden taten, was der Gott Israels ihnen befohlen hatte.* ▌ So klingt Ermutigung: *Und er sprach: Fürchte dich nicht, du liebenswerter Mann. Friede sei mit dir! Sei stark, sei stark! Und als er mit mir geredet hatte, fühlte ich mich ermutigt und sprach: Mein Herr, rede, denn du hast mir Mut gegeben.* (Dan 10,19/ZB) ▌

ZUSPRUCH

ritze es dir

ritze es dir auf die scherbe
ich bin dir treu ich habe dich gerufen
ich nehme dich bei der hand
ich beschütze dich ich bin dir verbunden
geh - du wirst blinden die augen öffnen
du wirst gefangene aus dem kerker holen
die im dunkeln sitzen aus der haft befreien
ich bin der herr das ist mein name

▌Jes 42,6–9: *Ich, der* HERR, *habe dich gerufen in Gerechtigkeit und halte dich bei der Hand. Ich habe dich geschaffen und bestimmt zum Bund für das Volk, zum Licht der Heiden, dass du die Augen der Blinden öffnen sollst und die Gefangenen aus dem Gefängnis führen und, die da sitzen in der Finsternis, aus dem Kerker. Ich, der* HERR, *das ist mein Name, ich will meine Ehre keinem andern geben noch meinen Ruhm den Götzen. Siehe, was ich früher verkündigt habe, ist gekommen. So verkündige ich auch Neues; ehe denn es sprosst, lasse ich's euch hören.* ▌*Jesus kam in der Kraft des Geistes wieder nach Galiläa,* heisst es im Lukas-Evangelium (4,14). Am Sabbat geht er in die Synagoge, und bietet an, die Lesung zu übernehmen. In der Schriftrolle von Jes, die ihm gereicht wird, liest er die obige Stelle aus dem ersten Gottesknechtslied von (Deutero-)Jesaja. Danach sagt er, dass *heute dieses Wort der Schrift erfüllt ist* (Lk 4,21), und identifiziert sich damit mit der Mission dieses göttlichen Dieners. ▌Gleichzeitig ist das Wort ein Zu- und Anspruch an uns, selbst Dienende zu werden, die heilen und befreien können. ▌

ZUSPRUCH

nicht gedanken des leidens

nicht gedanken des leidens
noch gedanken des leistens
                schreibe ich mir auf meine
                scherbe (um nicht zu vergessen)
sondern gedanken des friedens
gedanken der zukunft und der hoffnung
                dann trage ich die gedanken
                bei mir (wenn die zukunft kommt)
es darf ruhig die scherbe eines gebrauchs-
gegenstandes sein (das ist sogar besser)
                du schenkst mir gute gedanken
                kindliche reichliche wegsame
nahrhafte versöhnliche befreiende
und zum dienen dienliche gedanken

❙ Jer 29,11–14: *Denn ich weiß wohl, was ich für Gedanken über euch habe, spricht der Herr: Gedanken des Friedens und nicht des Leides, dass ich euch gebe Zukunft und Hoffnung. Und ihr werdet mich anrufen und hingehen und mich bitten, und ich will euch erhören. Ihr werdet mich suchen und finden; denn wenn ihr mich von ganzem Herzen suchen werdet, so will ich mich von euch finden lassen, spricht der* HERR. ❙ Jes 55,8f: *Denn meine Gedanken sind nicht eure Gedanken, und eure Wege sind nicht meine Wege, spricht der Herr, sondern so viel der Himmel höher ist als die Erde, so sind auch meine Wege höher als eure Wege und meine Gedanken als eure Gedanken.* ❙ «Wenn die Propheten einbrächen/durch die Nacht/mit ihren Worten Wunden reißend/in die Felder der Gewohnheit/ein weit Entlegenes hereinholend/für den Tagelöhner/der längst nicht mehr wartet am Abend//Wenn die Propheten einbrächen/durch Türen der Nacht/und ein Ohr wie die Heimat suchten//Ohr der Menschheit/du nesselverwachsenes,/würdest du hören?» (Nelly Sachs) ❙

deine mühe

deine mühe wird belohnt werden
der aufwand wird es wert
und der einsatz nicht vergebens gewesen sein
du wirst nicht ewig erfolglos
mit deinen einschränkungen gekämpft haben
noch an anderen lieblosigkeiten gestrandet gewesen sein
                das war einmal
wirst du einmal gesagt haben können
das grämen und das schreien werden vergangenheit sein
futurum exactum genauer gesagt

▎Jer 31,16f: *Aber so spricht der* HERR: *Lass dein Schreien und Weinen und die Tränen deiner Augen; denn deine Mühe wird belohnt werden, spricht der* HERR. *Sie sollen wiederkommen aus dem Lande des Feindes, und es gibt eine Hoffnung für deine Zukunft, spricht der* HERR: *Deine Kinder sollen wieder in ihre Heimat kommen.* ▎ «Gott kennen heisst wissen, was zu tun ist.» (Emmanuel Levinas) ▎ Heinrich von Kleist hat den Ausdruck von der «allmähliche Verfertigung des Gedankens beim Sprechen» geprägt. Alexa Wilde entwickelt den Gedanken weiter und spricht von der «allmählichen Verfertigung des Gedankens beim Beten» [14]. «Dadurch, dass diese Aktualisierungen gebetet werden, finden sie nicht allein in den Überlegungen der Betenden statt, sondern werden Gott selbst angetragen, der sich wieder als Helfer, als Barmherziger, als Bewahrer seines Bundes mit dem Volk erweisen soll.» ▎ Dorothee Sölle entwirft einen mystischen Weg in drei Etappen: Staunen («radical amazement», Glück) – Loslassen (Abgeschiedenheit) – Widerstand (Gerechtigkeit). [13] ▎

ZUSPRUCH

Zelle
Tusche auf Papier, 2022
14 × 12 cm

ZUSPRUCH

ausgeloste zusagen

        du___zieh eine scherbe
      lies den prophetischen spruch
  und schreibe deinen namen darauf

du___stärke die hände	du__hab mut keine angst
du___hier ist euer gott	du__wasser wird sprudeln
du___schmerz geht fort	du___geseufz hört auf
du____die wüste blüht	du____teiche entstehen
du__ein weg tut sich auf	du____darfst heimkehren
du___festige die knie	du__wonne stellt sich ein
du_____verzage nicht	du__blindheit ist geheilt
du___die steppe jubelt	du____dir wird geholfen
du__spring wie ein reh	du____quellen entstehen
du__da ist kein raubtier	du____die stumme singt

▎Jes 35,1–7.9.10: *Die Wüste und Einöde wird frohlocken, und die Steppe wird jubeln und wird blühen wie die Lilien. Sie wird blühen und jubeln in aller Lust und Freude. Die Herrlichkeit des Libanon ist ihr gegeben, die Pracht von Karmel und Scharon. Sie sehen die Herrlichkeit des Herrn, die Pracht unsres Gottes. Stärkt die müden Hände und macht fest die wankenden Knie! Sagt den verzagten Herzen: «Seid getrost, fürchtet euch nicht! Seht, da ist euer Gott! ... Dann werden die Augen der Blinden aufgetan und die Ohren der Tauben geöffnet werden. Dann wird der Lahme springen wie ein Hirsch, und die Zunge des Stummen wird frohlocken. Denn es werden Wasser in der Wüste hervorbrechen und Ströme im dürren Lande. Und wo es zuvor trocken gewesen ist, sollen Teiche stehen, und wo es dürre gewesen ist, sollen Brunnquellen sein. Es wird da kein Löwe sein und kein reißendes Tier darauf gehen; sie sind dort nicht zu finden, sondern die Erlösten werden dort gehen. ... Freude und Wonne werden sie ergreifen, und Schmerz und Seufzen wird entfliehen.* ▎ «Glaub, wer da will, den Tod, ich will das Leben glauben.» (Arno Pötzsch) ▎

ZUSPRUCH

Rätselhaftes Fundstück
Schablone, Bleistift und Öl, 2022
15 × 12 cm

ANGABEN

Literaturangaben

[1] Deutsche Bibelgesellschaft, *BasisBibel. Die Komfortable*. Stuttgart, 2021.
[2] Peter Köster, *Propheten – Geschichtlicher Hintergrund und geistliche Orientierung*. St.Ottilien: EOS-Verlag, 2018.
[3] Evangelisch-reformierte Landeskirche des Kantons Zürich, *Erklärt – Der Kommentar zur Zürcher Bibel*. Zürich: Theologischer Verlag Zürich, 2010.
[4] Rowan Williams, *Being Christian – Baptism, Bible, Eucharist, Prayer*. London: SPCK , 2014.
[5] Martin Buber, «Zu einer neuen Verdeutschung der Schrift-Beilage zum ersten Band ‹Die fünf Bücher der Weisung›», in *Die fünf Bücher der Weisung. Verdeutscht von Martin Buber, gemeinsam mit Franz Rosenzweig*, Stuttgart: Deutsche Bibelgesellschaft 1992.
[6] *bibelwissenschaft.de*.
[7] Walter Brueggemann, *Reality, Grief, Hope – Three urgent prophetic tasks*. Grand Rapids: William B. Eerdmans Publishing Company, 2014.
[8] Philip Yancey, *Von Gott enttäuscht – Durch Leiden an Gott in der Liebe zu ihm wachsen*. Metzingen/Württ: Ernst Franz Verlag, 1990.
[9] Adrienne von Speyr, *Die Sendung der Propheten*. Einsiedeln: Johannes-Verlag.
[10] Reinhard G. Kratz, *Die Propheten der Bibel – Geschichte und Wirkung*. München: C.H. Beck, 2022.
[11] Walter Brueggemann, *The Prophetic Imagination*. Minneapolis: Fortress Press, 2018.
[12] Christel E. A. Weber, *Prophetisches Predigen als Sichtwechsel. Eine interkulturelle Studie*. Leipzig: Evangelische Verlagsanstalt, 2019.
[13] Dorothee Sölle, *Mystik und Widerstand – «Du stilles Geschrei»*. Hamburg: Hoffmann und Campe, 1998.
[14] Alexa Wilke, *Die Gebete der Propheten. Anrufungen Gottes im «Corpus Propheticum» der hebräischen Bibel*. Berlin: Walter de Gruyter, 2014.

[15] Abraham Heschel, *The Prophets.* New York: Harper & Row, 1962.
[16] Louis Stulman & Hyun Chul Paul Kim, *You are my people.* Grand Rapids: Eerdmans Publishing Company, 2011.
[17] Jürgen Werbick, *Vater Unser – Theologische Meditationen zur Einführung ins Christsein.* Freiburg: Herder, 2011.

Abkürzungen der zitierten biblischen Bücher

Am	Der Prophet Amos
Apg	Die Apostelgeschichte des Lukas
Apk	Apokalypse (= Offenbarung des Johannes)
Dan	Das Buch Daniel
Dtn	Deuteronomium (= 5. Mose)
Eph	Der Brief des Paulus an die Epheser
Esra	Das Buch Esra
Ex	Exodus (= 2. Mose)
Ez	Der Prophet Ezechiel (= Hesekiel)
Gal	Der Brief des Paulus an die Galater
Gen	Genesis (= 1. Mose)
Hab	Der Prophet Habakuk
Hag	Der Prophet Haggai
Hebr	Der Brief an die Hebräer
Hes	Der Prophet Hesekiel (= Ezechiel)
Hos	Der Prophet Hosea
Jer	Der Prophet Jeremia
Jes	Das Prophet Jesaja
Joel	Der Prophet Joel (Joël)
Joh	Das Evangelium nach Johannes
Jona	Der Prophet Jona
Klgl	Die Klagelieder Jeremias
1. Kor	Der erste Brief des Paulus an die Korinther
Lk	Das Evangelium nach Lukas
Mal	Der Prophet Maleachi
Mi	Der Prophet Micha
Mk	Das Evangelium nach Markus
Mt	Das Evangelium nach Matthäus
Nah	Der Prophet Nahum
Obd	Der Prophet Obadja
Offb	Die Offenbarung des Johannes (Apokalypse)
Ps	Der Psalter (Psalmen)
Röm	Der Brief des Paulus an die Römer
Sach	Der Prophet Sacharja
Sir	Das Buch Jesus Sirach

Spr	Die Sprüche Salomos (Sprichwörter; Proverbia)
1. Petr	Der erste Brief des Petrus
2. Thess	Der zweite Brief des Paulus an die Thessalonicher
Zef	Der Prophet Zefanja

Allgemeine Abkürzungen

atl.	alttestamentlich
AT	Altes (oder: Erstes) Testament
BB	BasisBibel
ca.	circa
cf.	confer (vergleiche)
d. h.	das heisst
f	folgende/r
ff	folgende (Plural)
GNB	Gute Nachricht Bibel
griech.	griechisch
hebr.	hebräisch
Jh.	Jahrhundert
JHWH	«Gott» (יהוה *jhwh*, Tetragramm, d. h. griech. «Vier-Buchstaben» genannt. In der Lutherbibel mit «Herr» wiedergegeben.)
Kap	Kapitel
LU	Luther-Bibel (2017)
LXX	Septuaginta (griechische Fassung des AT)
NGUE	Neue Genfer Übersetzung
NT	Neues Testament
p	Seite (pagina)
pp	Seiten
resp.	respektive
sog.	sogenannt(e)
s.	siehe
s. a.	siehe auch
v. Chr.	vor Christus
V	Vers
Vv	Verse
wörtl.	wörtlich
z. B.	zum Beispiel
ZB	Zürcherbibel

Bibelstellenindex

1. Kor 15,55f	S. 140	Ex 15,26	S. 99
1. Kor 16,13f	S. 24	Ex 15,2	S. 37
		Ex 23,20	S. 49
1. Petr 2,24	S. 109		
		Ez 1,3–5	S. 74
2. Thess 3,5	S. 47	Ez 1,3–5	S. 75
		Ez 7,17–20.25	S. 101
Am 1,1–2	S. 22	Ez 3,17	S. 122
Am 5,4	S. 59	Ez 13,1–5	S. 27
Am 7,2f	S. 70	Ez 16,4–7	S. 108
Am 7,15	S. 22	Ez 21,32	S. 151
Am 9,7–15	S. 22	Ez 33,1–9	S. 122
		Ez 36,26f	S. 150
Apg 2,1–21	S. 146	Ez 37,1–7	S. 141
Apk 4,6–8	S. 75	Hab 2,1–3	S. 122
Apk 5,6	S. 134	Hab 3,11–14.18f	S. 33
Apk 13,14	S. 140		
Apk 17,12–14	S. 138	Hag 1,5–7	S. 105
Apk 19,1–10	S. 138		
Apk 21,3–5	S. 29	Hebr 11,1	S. 63
Apk 21,4	S. 140		
Apk 21,23	S. 138	Hos 1,2.7	S. 137
Apk 22,3	S. 138	Hos 2,16	S. 119
		Hos 2,21–23	S. 118
Dan 4,13	S. 150	Hos 2,9	S. 118
Dan 6,11	S. 76	Hos 4,1.3.5f	S. 104
Dan 10,19	S. 151	Hos 4,16	S. 138
		Hos 7,6–9	S. 85
Dtn 18,9–22	S. 88	Hos 11,3f.8	S. 21
		Hos 12,2	S. 99
Esra 4,4	S. 151	Hos 13,3	S. 99
Esra 6,14	S. 151	Hos 13,4–6	S. 42
		Hos 14,5–8	S. 149
Ex 5,10f	S. 116	Hos 14,5–8	S. 42

Jer 1,10f.13.17.19	S. 100	Jes 2,6.8.10	S. 94
Jer 1,4–8	S. 53	Jes 3,15f.24	S. 83
Jer 2,12f.17f	S. 46	Jes 5,17	S. 138
Jer 7,13f	S. 57	Jes 6,1-3	S. 75
Jer 8,6–11	S. 107	Jes 6,8	S. 75
Jer 8,18–9,3	S. 69	Jes 7,4	S. 24
Jer 11,18–23	S. 69	Jes 7,9	S. 58
Jer 11,19	S. 138	Jes 7,10–14	S. 44
Jer 12,1–6	S. 69	Jes 7,10f	S. 31
Jer 12,5	S. 60	Jes 7,13f	S. 135
Jer 15,10–12.15–21	S. 69	Jes 8,1–3	S. 23
Jer 15,16–19	S. 64	Jes 8,10–13	S. 84
Jer 16,19–21	S. 87	Jes 9,5–7	S. 132
Jer 17,14–17	S. 69	Jes 11,6	S. 138
Jer 17,7–10	S. 125	Jes 12,1–5	S. 37
Jer 18,18–23	S. 69	Jes 14,3–5.7	S. 116
Jer 20,7–18	S. 69	Jes 16,12–14	S. 71
Jer 20,7–9	S. 72	Jes 18,4–6	S. 130
Jer 23,29	S. 106	Jes 21,10	S. 88
Jer 23,3	S. 113	Jes 22,5	S. 88
Jer 29,11–14	S. 153	Jes 22,23–25	S. 89
Jer 31,1–3	S. 113	Jes 25,7–9	S. 29
Jer 31,1–3	S. 145	Jes 25,8	S. 140
Jer 31,16f	S. 154	Jes 26,3	S. 29
Jer 31,2–4	S. 73	Jes 30,15f	S. 25
Jer 31,31	S. 145	Jes 30,18–20a	S. 26
Jer 45,3–5	S. 60	Jes 30,18–21	S. 38
		Jes 30,8	S. 40
Jes 1,1	S. 24	Jes 33,24	S. 146
Jes 1,1	S. 92	Jes 35,1–10	S. 156
Jes 1,11.13f	S. 103	Jes 40,1–3	S. 39
Jes 1,2–6	S. 92	Jes 40,1–7	S. 133
Jes 1,5f	S. 102	Jes 40,3	S. 23
Jes 1,31	S. 94	Jes 40,3	S. 49
Jes 2,1–5	S. 94	Jes 41,10	S. 40
Jes 2,2–5	S. 45	Jes 40,12–14	S. 48
Jes 2,6–22	S. 93	Jes 40,29–31	S. 147

Jes 42,1–4	S. 77	Lk 4,21	S. 152
Jes 42,1–7	S. 79	Lk 9,11	S. 39
Jes 42,6–9	S. 152	Lk 12,32	S. 113
Jes 43,10f	S. 63		
Jes 43,18f	S. 115	Mal 1,2f.9.11	S. 54
Jes 43,4f	S. 40	Mal 1,6	S. 49
Jes 44,21	S. 79	Mal 2,10	S. 49
Jes 49,1–6	S. 77	Mal 3,1	S. 49
Jes 49,15	S. 48	Mal 3,1f.10	S. 117
Jes 50,4–7	S. 77	Mal 3,18.20	S. 117
Jes 51,12	S. 39		
Jes 52,13–53,12	S. 135	Mi 2,1f	S. 120
Jes 52,13–53,12	S. 77	Mi 2,13	S. 121
Jes 53,2–5	S. 109	Mi 4,1–5	S. 45
Jes 53,7	S. 138	Mi 5,1–5	S. 45
Jes 54,10–15	S. 148	Mi 7,8f	S. 45
Jes 55,6–8	S. 59		
Jes 55,8f	S. 153	Mk 1,2f	S. 49
Jes 55,11f	S. 55	Mk 11,15.17	S. 31
Jes 58,11	S. 123		
Jes 60, 4f.11.19f	S. 134	Mt 1,22f	S. 44
Jes 61,1f.4.10f	S. 134	Mt 1,23	S. 135
		Mt 6,33	S. 59
Jes Sir 48,25	S. 40	Mt 2,6	S. 45
		Mt 20,25	S. 120
Joel 2,12–14	S. 32	Mt 21,4f	S. 56
Joel 3,15	S. 146		
Joel 4,10f	S. 146	Nah 1,2–8	S. 136
Joh 12.14f	S. 56	Obd 12–15	S. 86
Jona 2,1–8	S. 78	Ps 1,1–3	S. 125
Jona 4,1–4	S. 65	Ps 27,8	S. 59
		Ps 33,4–6.9	S. 55
Klgl 3,12–29	S. 47	Ps 76	S. 123
		Ps 103,2	S. 37
Lk 4,14	S. 152	Ps 115,7f	S. 87

Röm 8,26.28	S. 146
Sach 9,9–11	S. 56
Sach 14,6–9.11	S. 129
Spr 29,18	S. 104
Zef 1,12.14.17	S. 95

Autor und Künstlerin

Xandi (Alexander) Bischoff ist 1956 in Boston geboren und in Basel aufgewachsen; war lange in der Entwicklungszusammenarbeit in Angola und anderen Ländern tätig; lebt in Montmirail bei Neuchâtel, ist Mitglied der Communität Don Camillo. War Pflege- und Public Health-Experte. www.doncamillo.org.

Nadine Seeger, 1960 in Buenos Aires geboren, lebt in München und in Riehen bei Basel. Bildende Künstlerin und Performerin, Ausstellungstätigkeit und Performanceauftritte in Deutschland und der Schweiz. www.nadineseeger.com.

Weitere Bücher von Xandi Bischoff und Nadine Seeger

Xandi Bischoff, Nadine Seeger, Benedict Schubert, Heiner Schubert
Von hier nach dort
Biblische Wegbeschreibungen

144 Seiten, Hardcover
ISBN 978-3-7245-2507-3

CHF 19.80

Xandi Bischoff, Nadine Seeger
Improvisationen zum Unservater
«Wie wenn ich beten könnte»

144 Seiten, Hardcover
ISBN 978-3-7245-2421-2

CHF 19.80

Xandi Bischoff, Nadine Seeger
Psalmen destillieren
Alte Gebete neu lesen

392 Seiten, Hardcover
ISBN 978-3-7245-2282-9

CHF 19.80